忘れ得ぬ旅

太陽の心で

第6巻

池田大作

潮出版社

目次

装幀・本文デザイン
金田一亜弥
高畠なつみ（金田一デザイン）
写真
聖教新聞社

ドイツ

永久《とこしえ》に前進《ぜんしん》！ 生《い》き生きと

（二〇一四年十月号）

ほとばしる
ラインの流《なが》れは
曲《きょく》となり
天地《てんち》に響《ひび》かむ
喜《よろこ》び生きよと

時《とき》は流れ、川《かわ》は流れる。瞬時《しゅんじ》として立《た》ち止《ど》まることなく、新鮮《しんせん》に迸《ほとばし》り、前《まえ》へ前へ進《すす》みます。

流れる川は、生き生きと美《うつく》しい。

「生き生きと」[※1]――。これは音楽家《おんがくか》シューマンが名曲《ライン》に繰《く》り返《かえ》し込《こ》めた、魂《たましい》の

フランクフルト郊外で、陽光が降り注ぐ緑に包まれて（1992年6月）

躍動《やくどう》でした。

ドイツ、そして欧州《おうしゅう》が誇《ほこ》る大河《たいが》ライン川のごとく、私たちも一日一日、生き生きと躍動して、確《たし》かな前進の曲を奏《かな》でていきたいものです。

私の友人《ゆうじん》であるハンブルク・バレエ芸術監督《げいじゅつかんとく》のノイマイヤー氏《し》は「乗《の》り越《こ》えなければならない、一《ひと》つ一つの困難《こんなん》に立ち向かっていきました。河《かわ》の水《みず》が一瞬たりとも止まることなく、絶《た》えず流れ続《つづ》けているように、日々《ひび》、挑戦《ちょうせん》し続けました」と語《かた》っていました。

人生《じんせい》の舞《まい》もまた、一つ一つの生活《せいかつ》の舞台《ぶたい》が、かけがえのない創造《そうぞう》への挑戦と言《い》えましょう。

ライン川沿《ぞ》いの地域《ちいき》をはじめ、ドイツの町《まち》・村《むら》には、古《ふる》くからの泉《いずみ》や井戸《いど》が、今《いま》も残《のこ》っています。泉のまわりは、女性《じょせい》たちが水を汲《く》み、洗《せん》濯《たく》をしながら、交流《こうりゅう》を楽《たの》しむ場《ば》となりました。

ライン河畔《かはん》から始《はじ》まるゲーテの作品《さくひん》では、自分《じぶん》さえよければいいという混迷《こんめい》の時代《じだい》に、女性が、共《とも》に労《いたわ》り合《あ》い、共に啓発《けいはつ》し合う「役《やく》にたつ会話《かいわ》」「楽しくなる会話」を蘇《よみがえ》らせたいと希望《きぼう》します。※2

大《おお》らかな母性《ぼせい》をもって、皆《みな》と語らい、皆のために労苦《ろうく》をいとわぬ女性がいれば、やがて友情《ゆうじょう》のせせらぎを集《あつ》めて大河となり、民衆《みんしゅう》の心《こころ》を潤《うるお》し、平和《へいわ》と幸福《こうふく》の花々《はなばな》を咲《さ》かせゆくのではないでしょうか。

限《かぎ》りなき
　創造力《そうぞうりょく》の
　　奔流《ほんりゅう》よ
　脈打《みゃくう》て　強《つよ》く
　　正《ただ》しき心に

文学《ぶんがく》ではゲーテ、哲学《てつがく》ではカント、音楽ではベートーベンをはじめ、ドイツは、人類史《じんるいし》に輝《かがや》きわたる文化《ぶんか》の至宝《しほう》を創造してきました。

私も、ドイツの文化を心より敬愛《けいあい》する一人《ひとり》です。誠実《せいじつ》で勤勉《きんべん》なドイツの友《とも》が大好《だいす》きです。

そのドイツには、二度の世界大戦《せかいたいせん》で多《おお》くの民衆が犠牲《ぎせい》となった悲惨《ひさん》な歴史《れきし》があります。戦後《せんご》は東西冷戦《れいせん》によって、社会体制《しゃかいたいせい》の異《こと》なる東《ひがし》ドイツと西《にし》ドイツに引《ひ》き裂《さ》かれ、ベルリンの都《みやこ》も分断《ぶんだん》されるという苦悩《くのう》に直面《ちょくめん》しました。

私がドイツを初訪問《はつほうもん》したのは一九六一年十月、東西ベルリンの境界線《きょうかいせん》を封鎖《ふうさ》する「ベルリンの壁《かべ》」が築《きず》かれて二カ月もたたない時でした。

この「壁」を越《こ》えて、西ベルリンへ脱出《だっしゅつ》をはかる人々《ひとびと》が後《あと》を絶たず、それを阻止《そし》する兵《へい》士《し》の発砲事件《はっぽうじけん》等が続いていました。

境界にあるブランデンブルク門《もん》の周囲《しゅうい》には鉄条網《てつじょうもう》が張《は》り巡《めぐ》らされ、向こう側《がわ》には東ドイツの兵士、こちら側には西ドイツの警察官《けいさつかん》と装甲車《そうこうしゃ》が対峙《たいじ》していました。「壁」近《ちか》くの東ドイツの建物《たてもの》の窓《まど》は内側《うちがわ》からレンガで閉《と》じられ、窓辺《まどべ》に残されたままの花々が、かすかな命《いのち》の温《ぬく》もりを灯《とも》していた光景《こうけい》が脳裏《のうり》に焼《や》きついています。

人間《にんげん》の絆《きずな》を引き裂き、命を踏《ふ》みにじる権利《けんり》など誰《だれ》にもありません。私は、民衆を苦《くる》しめる横暴《おうぼう》への憤《いきどお》りと平和の決意《けつい》を込め、同行《どうこう》の友に「三十年後には、きっとこのベルリンの壁は取《と》り払《はら》われているだろう」と言いました。

詩人《しじん》ヘルダーリンが「人間性《にんげんせい》を根《ね》として、そこから新《あたら》しい世界が芽吹《めぶ》かなければならない」※3と謳《うた》った通《とお》り、ドイツの大地《だいち》に深《ふか》く根を持《も》つ人間主義《しゅぎ》の文化が、権力《けんりょく》の蛮性《ばんせい》に屈《くっ》する

ボンに到着の際、可愛い歓迎に応えて。皆に笑顔がはじける（1991年6月）

わけがない。必《かなら》ずや新しい歴史が開《ひら》かれゆくことを、私は信《しん》じてやみませんでした。

初訪問の際《さい》に伺《うかが》ったライン河畔の都市《とし》デュッセルドルフもケルンも、戦争《せんそう》の惨禍《さんか》から、大復興《だいふっこう》を遂《と》げていました。

私は友と、「ドイツには気骨《きこつ》があり、剛毅《ごうき》さがあり、迫力《はくりょく》があり、活力《かつりょく》がある。若々《わかわか》しい青年《せいねん》の国《くに》だ」と語り合いました。

「無限《むげん》の発展《はってん》可能性《かのうせい》を秘《ひ》めているということが、人間の長所《ちょうしょ》であり、本領《ほんりょう》とするところでもある」※4と主張《しゅちょう》したのは、ケルンゆかりの思《し》想家《そうか》フリードリヒ・シュレーゲルです。

私たちは、ドイツに多くの友を作《つく》り、大戦の時のような「軍事《ぐんじ》の同盟《どうめい》」でなくして、平和のための「精神《せいしん》の連帯《れんたい》」を築こうと決心《けっしん》しました。

ケルンの夕日《ゆうひ》に染《そ》まるラインの川波《かわなみ》は黄金《おうごん》に煌《きら》めき、希望の明日《あした》を告《つ》げていました。

雨《あめ》は真珠《しんじゅ》
森《もり》は輝き
小鳥《ことり》 舞《ま》い
いのちは歌《うた》う
平和 平和と

ドイツは、じつに緑《みどり》が豊富《ほうふ》です。「林学《りんがく》」という森林《しんりん》、林業《りんぎょう》などを研究《けんきゅう》する学問《がくもん》が発展したのもドイツであると言われます。ドイツの人々は、いったんは荒《あ》れはてた森林を数百年の時間《じかん》を費《つい》やして復旧《ふっきゅう》し、今も国をあげて保全《ほぜん》していると聞《き》きました。ベランダに花を飾《かざ》る。空《あ》いた土地《とち》には木《き》を植《う》える。自然《しぜん》を大切《たいせつ》にする心の豊《ゆた》かさは、他《た》者《しゃ》を慈《いつく》しみ、街並《まちな》みを美しくし、皆の生命《いのち》を豊かにします。

瑞々《みずみず》しい緑に包《つつ》まれたフランクフルトは、いにしえから経済《けいざい》が活発《かっぱつ》な自由《じゆう》都市であり、神聖《しんせい》ローマ皇帝《こうてい》の戴冠式《たいかんしき》が行《おこな》われた歴史の都であり、ゲーテの生《う》まれ故郷でもあります。

この街での友との語らいの集《つど》いでは、優美《ゆうび》な女性合唱団や、「緑の丘《おか》オーケストラ」とロマン薫《かお》る名前《なまえ》を掲《かか》げた有志《ゆうし》が、ベートーベンの《歓喜《かんき》の歌》を高《たか》らかに披露《ひろう》してくれたことも、思《おも》い出《で》深い一幕《ひとまく》です。

ベートーベンは晩年《ばんねん》、「内《うち》と外《そと》との平和に対《たい》する祈念《きねん》※5」を歌い響かせ、「苦悩を突《つ》きぬけて歓喜へ※6」という信念《しんねん》を轟《とどろ》かせていきました。

人は、歓喜の人生を勝《か》ち取《と》り、自他《じた》共に平和に生きゆくために生まれてきた。そう楽聖《がくせい》は励《はげ》ましてくれているようです。

わが民主音楽協会《みんしゅおんがくきょうかい》（民音《みんおん》）は、冷戦時代にも、東ドイツからドレスデン・フィルハーモニー管弦楽団《かんげんがくだん》、指揮者《しきしゃ》、《歓喜の歌》の独唱者《どくしょうしゃ》の方々《かたがた》などを招《まね》き、日本公演《こうえん》を開催《かいさい》しました。西ドイツからも、ミュンヘン・オペラ、ケルン放送交響楽団《ほうそうこうきょうがくだん》、ハノーバー少年合唱団、シュトゥットガルト・バレエ団、さらに「あらゆる人々への尊敬《そんけい》の念《ねん》を忘《わす》れない」というモットーを持つハンブルク・バレエ等、最高峰《さいこうほう》のアーティストの皆さんを招《しょう》へいしてきました。

東も西もない、人間への尊敬、人間の歓喜と結合《けつごう》への献身《けんしん》――ドイツの精神には、平和のリズムが脈打ってきたのです。

私が兄弟《きょうだい》のように苦楽《くらく》を分《わ》かち合ってきたドイツの友は、幼《おさな》い頃《ころ》、戦火《せんか》を逃《のが》れ、氷点下《ひょうてんか》の厳《きび》しく凍《い》てつくなか、故郷を離《はな》れざるを得《え》ませんでした。戦後、夢中《むちゅう》で働《はたら》いて安定《あんてい》した生活を得ても、職場《しょくば》の人間関係《かんけい》に悩《なや》み、体調《たいちょう》を崩《くず》し、人生の目的《もくてき》を見失《みうしな》った「精神の飢《う》え」に悶《もだ》えたといいます。

しかし、生命尊厳《せいめいそんげん》の哲学と出《で》あい、看護師《かんごし》として活躍《かつやく》する日本出身《しゅっしん》の夫人《ふじん》とともに、ドイツそして欧州の平和という大目的に邁進《まいしん》していったのです。

日本からドイツに移住《いじゅう》して、幾多《いくた》の苦労を乗り越えてきた友たちも、一体《いったい》となって、社会に貢献《こうけん》を重《かさ》ねてきました。

夫妻《ふさい》をはじめドイツの友人が心を砕《くだ》いたのは、共に尊敬し、支《ささ》え合い、人生の幸福を創《つく》りゆく、仲良《なかよ》きスクラムを広《ひろ》げることです。

そして青年を育《そだ》てることです。戦争は無数《むすう》の青年を犠牲にしました。ゆえに「青年が社会で偉大《いだい》な価値《かち》を創造し、幸福になるために助力《じょりょく》を惜《お》しまない」「青年の情熱《じょうねつ》と正義感《せいぎかん》で新しい時代を築いてほしい」との真心《まごころ》であったのです。

西ベルリンで「核兵器《かくへいき》――現代《げんだい》世界の脅威《きょうい》」展《てん》（一九八五年）も行い、平和運動《うんどう》を促進《そくしん》しました。

夫妻が、父母《ちちはは》のように励ました青年たちは、平和の創造へ「自身《じしん》の心の壁を破《やぶ》ろう」と、大勢《おおぜい》の青年を糾合《きゅうごう》していきました。

八九年には、ついに「ベルリンの壁」が崩壊《ほうかい》。

「心の壁に挑戦したことで、現実《げんじつ》の壁をも崩すことができた」と喜ぶ青年たちを感涙《かんるい》しながら見守《みまも》っていた、わが友の心が今も胸《むね》に迫《せま》ります。

人生は
何《なん》のためかと
目覚《めざ》めたる
歓喜と労苦は
勝利《しょうり》と轟《とどろ》く

ドイツが東西の統一《とういつ》を果《は》たした翌年《よくねん》（一九九一年）、私は、哲人指導者《てつじんしどうしゃ》ヴァイツゼッカー初代大統領《しょだいだいとうりょう》にお招《まね》きいただきました。当時《とうじ》の首都《しゅと》ボンの、ライン川に面《めん》する白亜《はくあ》の大統領官邸《かんてい》で、約《やく》一時間、多岐《たき》にわたり語り合いました。

大統領の「我々《われわれ》人間は、物質的繁栄《ぶっしつてきはんえい》だけではなく、人間自身のこと、そして人間の連帯、共存《きょうそん》ということに関心《かんしん》をもたねばなりません」との言葉《ことば》が心に響きました。

共存、共生《きょうせい》とは文化の真髄《しんずい》です。この「共に生きる」精神を培《つちか》う大地は、まず家庭《かてい》でしょう。

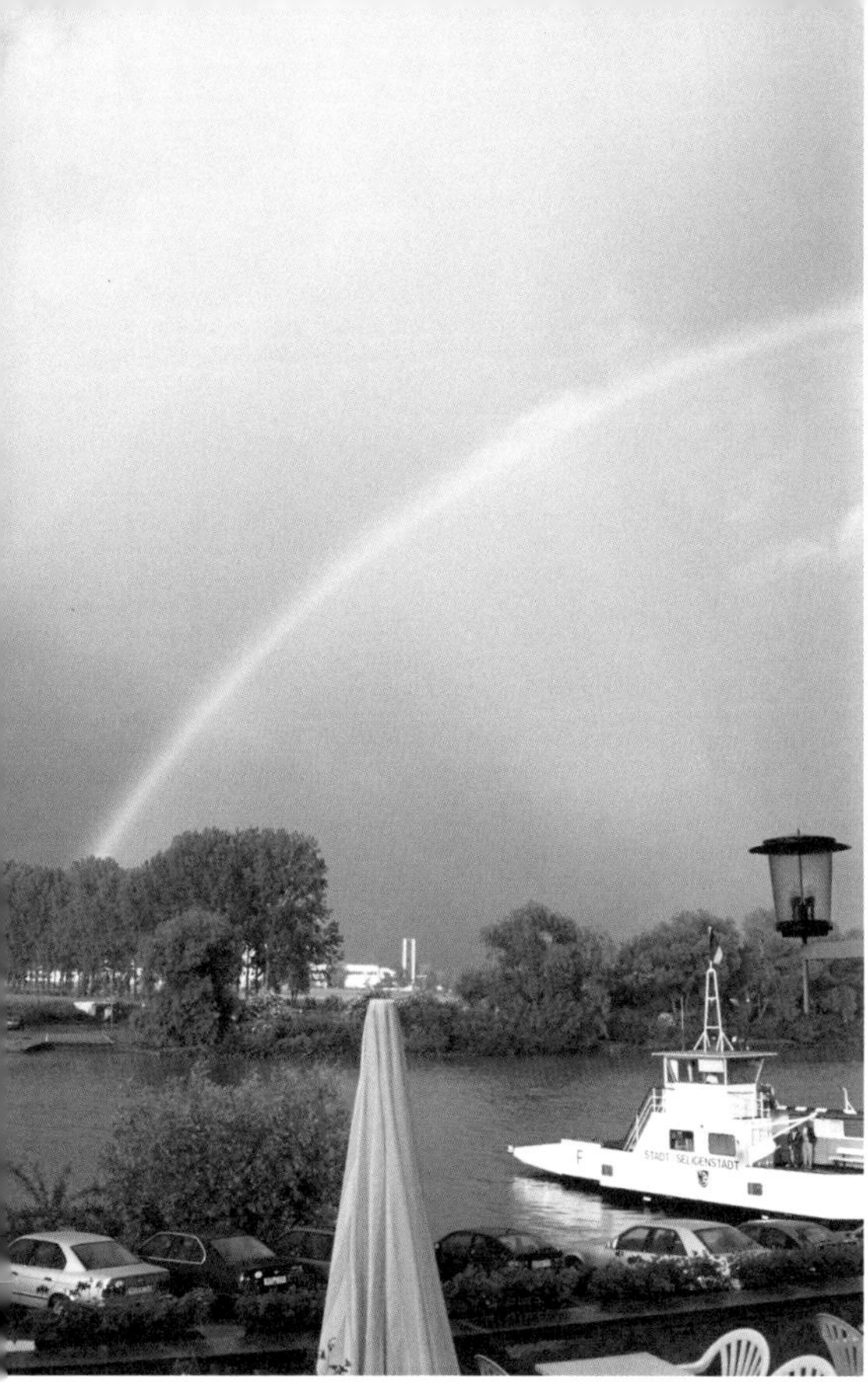

雨が上がり、緑の木々も川も喜び見上げるような、大きな二重の虹が懸かった。フランクフルト郊外、マイン河畔のゼーリゲンシュタットにて（著者撮影）

大統領も、母君《ははぎみ》から「他人《たにん》の歩《あゆ》む道《みち》と運命《うんめい》とに対して私心《ししん》のない思いやりの気持《きも》ちを寄《よ》せる」生き方を学《まな》ばれました。母君が親《おや》のいない子どもたちの世話《せわ》をされ、その現場《げんば》に連《つ》れていってくれたと回想《かいそう》されています。※7

大統領との会見《かいけん》でも話題《わだい》になった哲学者カントは「自己の完成——他人の幸福」※8という目的を示《しめ》しました。他者の幸福のために行動《こうどう》することは、小さな自分《じぶん》の殻《から》を破り、大きな自分となる向上《こうじょう》に結《むす》びつくのです。ここに、人間が人間らしく生きゆく道があります。

翻《ひるがえ》れ
　人間性の旗《はた》
　　翻れ
　　　悪《あく》に打ち勝つ
　　　　精神《こころ》の空《そら》に

ドイツの友人たちは、ライン川中流《ちゅうりゅう》の美しきビンゲン市と協力《きょうりょく》し、市の重要文化財《じゅうようぶんかざい》で、百五十年の歴史があった館《やかた》「ヴィラ・ザクセン」を補修《ほしゅう》・復元《ふくげん》し、市民《しみん》の友情と啓発の文化センターとして蘇《よみがえ》らせました。

そして、「欧州の空の玄関口《げんかんぐち》」フランクフルト空港《くうこう》に近い、メルフェルデン・ヴァルドルフ市内には、新たな平和と文化の宝城《ほうじょう》の建設《けんせつ》が進んでいます。[※9] この夏（二〇一四年）、行われた定礎式《ていそしき》では、ドイツ全《ぜん》十六州《しゅう》の石《いし》を埋納《まいのう》して、さらなる連帯の行進《こうしん》を約《やく》し合ったと伺《うかが》いました。

可憐《かれん》な未来《みらい》っ子たちが、私や友に歌って聞かせてくれた愛唱歌《あいしょうか》のごとく、ドイツから欧州へ、世界へ、大きな平和の虹《にじ》の橋《はし》が広がることを祈《いの》ってやみません。

「平和の橋を　優《やさ》しさの手《て》で完成《かんせい》させよう　終《お》わりまで　心から心へ　世界中　人々が悲《かな》しみを忘れるまで」と。

歴史にも人生にも転機《てんき》があります。紆余曲折《うよきょくせつ》の時もあります。

あのライン川は、数十万年前の地殻変動《ちかくへんどう》で進路《しんろ》を大きく変《か》えなければ、大河とはならずに、小さな川にとどまっていたと言われます。

何《なに》があろうと、たゆまず進み続けるなかにこそ、希望の流れもまた、大河と育つのでしょう。

ビンゲン近郊《きんこう》に生まれた詩人ゲオルゲは「いまだ朝《あさ》の来《こ》なかったためしはない」※10と謳いました。

新しい勝利の朝へ、今日《きょう》も生き生きと前進を！

永遠《えいえん》に
　世界一なる
　　ライン川
思い出　多々《たた》なり
　皆様　忘れじ

Ibaraki, Japan

茨《いばら》城《き》

春《はる》に先駆《さきが》ける梅花《ばいか》の城《しろ》

（二〇一六年一月号）

梅《うめ》一輪《いちりん》
百花《ひゃっか》の春に
先駆けて
凛《りん》と咲《さ》きたり
気高《けだか》き笑顔《えがお》で

「美《うつく》しい物《もの》はイバラの中《なか》に育《そだ》つ」※1という諺《ことわざ》が、私は好《す》きです。そして、イバラの名《な》のもとに広《ひろ》がる美しき天地《てんち》こそ、大好《だいす》きな茨城です。

この茨城を象徴《しょうちょう》するのは、梅の花《はな》です。

梅花には白雪《はくせつ》に負《ま》けない清《きよ》らかさがあります。

日立の海岸から冬の太平洋を望めば、大空の青と大海原の青が交響する
「青の輝き」に包まれる（著者撮影）

梅花には厳寒《げんかん》に打《う》ち勝《か》つ強《つよ》さがあります。

日本三名園《さんめいえん》の一《ひと》つである、水戸《みと》の偕《かい》楽園《らくえん》の早咲《はやざ》きの梅は、すでに年末年始《ねんまつねんし》の頃《ころ》には開花《かいか》が始《はじ》まります。

この名園を造《つく》った水戸藩主《はんしゅ》・徳川《とくがわ》斉昭公《なりあきこう》は、梅を「天下《てんか》の魁《さきがけ》」と讃《たた》えました。

私も友人《ゆうじん》たちと、偕楽園で美事《みごと》に薫《かお》る白梅《はくばい》を愛《め》でながら、「梅は寒風《かんぷう》のなか、百花に先駆けて咲く。その清らかさや強さは、茨城の尊《とうと》き女性《じょせい》たち、母《はは》たちの心《こころ》である」と語《かた》り合《あ》ったものです。

茨城には、どんな苦難《くなん》の冬《ふゆ》にも、たくましく挑《いど》み、愛《あい》する郷土《きょうど》に繁栄《はんえい》の春をもたらそうと奔走《ほんそう》しゆく誉《ほま》れの友《とも》がいます。

私たちが一緒《いっしょ》に歌《うた》い継《つ》いできた歌があります。

「おお寒風に　梅の香《か》を
君《きみ》も友どち　耐《た》え勝ちぬ
いざや歌わん　茨城の
凱歌《がいか》の人生《じんせい》　創《つく》らんや
凱歌の人生　輝《かがや》けり」と。

霞ヶ浦《かすみがうら》の側《そば》、現在《げんざい》の稲敷郡阿見町《いなしきぐんあみまち》の一帯《いったい》には、戦前戦中《せんぜんせんちゅう》、海軍航空隊《かいぐんこうくうたい》があり、若者《わかもの》たちの憧《あこが》れでした。

私は、その飛行予科練習生《ひこうよかれんしゅうせい》（予科練《よかれん》）となっていた友人が体調《たいちょう》を崩《くず》したと聞《き》き、土浦《つちうら》へお見舞《みま》いに行《い》ったことがあります。本当《ほんとう》に喜《よろこ》んでくれました。そして彼《かれ》は、そっと過酷《かこく》な訓練《くんれん》の様子《ようす》を伝《つた》えながら、「池田君《いけだくん》は体《からだ》が弱《よわ》い。志願《しがん》してはいけない。予科練に来《き》てはいけない」と語ってくれたのです。私を心底《しんそこ》、案《あん》じてくれる、真摯《しんし》な友情《ゆうじょう》が胸《むね》に熱《あつ》く迫《せま》りました。

戦争《せんそう》は、どれほど多《おお》くの青春《せいしゅん》の命《いのち》を散《ち》らし、犠牲《ぎせい》を強《し》いたことでしょうか。その悲劇《ひげき》だけは繰《く》り返《かえ》してはならない。これが、戦争の残酷《ざんこく》さを知《し》る私たちの世代《せだい》の断固《だんこ》たる誓《ちか》いです。

いにしえより、この常陸《ひたち》（茨城）の宝土《ほうど》は「常世《とこよ》の国《くに》」という理想郷《りそうきょう》として謳《うた》われてきました。[※2] 関東平野《かんとうへいや》の豊潤《ほうじゅん》な土壌《どじょう》が広がり、山海《さんかい》の幸《さち》に満《み》ち、命が輝いています。納豆《なっとう》の生産《せいさん》は有名《ゆうめい》です。また、栗《くり》、メロン、レンコン、ピーマン、はくさい、みずな、ちんげんさい、鶏卵《けいらん》などの日本一の産地《さんち》です。

さらに淡水真珠《たんすいしんじゅ》の収穫《しゅうかく》、サバ、まいわしの漁獲《ぎょかく》も、堂々《どうどう》たる全国第一《ぜんこくだいいち》を誇《ほこ》っています。詩情《しじょう》も豊《ゆた》かな大地《だいち》には、四季《しき》とともに多彩《たさい》な美《び》を見せる大子町《だいごまち》の名瀑《めいばく》・袋田《ふくろだ》の滝《たき》や、朝《あさ》な夕《ゆう》なに金波《きんぱ》がまばゆい霞ヶ浦、陽光《ようこう》に鮮《あざ》やかに映《は》える名峰《めいほう》・筑波山《つくばさん》を擁《よう》します。

この故郷《ふるさと》の風土《ふうど》を愛した歌人《かじん》・長塚節《ながつかたかし》（常総市出身《じょうそうししゅっしん》）は、師匠《ししょう》と仰《あお》ぐ正岡子規《まさおかしき》から遺言《ゆいごん》のように、「君には大責任《だいせきにん》がある。それは君は自《みずか》ら率先《そっせん》して君の村《むら》を開《ひら》かねばならぬ」[※3]と激励《げきれい》されていました。その励《はげ》ましに応《こた》えて郷土の発展《はってん》へ尽力《じんりょく》し、導《みちび》いてくれる善《よ》き師《し》、善き友を持《も》って努力《どりょく》してこそ向上《こうじょう》があると、自身《じしん》の人生を通《とお》して皆《みな》に示《しめ》していったのです。

理想郷とは、どこか遠《とお》くにあるのではない。身近《みぢか》な信頼《しんらい》の絆《きずな》を大切《たいせつ》にし、自ら労《ろう》をいとわず、地域社会《ちいきしゃかい》に尽《つ》くしていく。そして、「あの人のおかげで」と感謝《かんしゃ》されるような人生の道《みち》を共《とも》に歩《あゆ》んでいく。その連帯《れんたい》のなかで、人間性《にんげんせい》あふれる楽土《らくど》が一歩《いっぽ》ずつ築《きず》かれていくのではないでしょうか。

朝日《あさひ》が立《た》ち昇《のぼ》る美しさが随一《ずいいち》と讃えられてきた「日立《ひたち》」をはじめ茨城の友人たちとも、私は語り合ってきました。――誰もが自身のなかに、逆境《ぎゃっきょう》を乗《の》り越《こ》え、幸福《こうふく》の夜明《よあ》けを開く太陽《たいよう》がある。それを輝かせて、一家《いっか》の太陽、地域の太陽、平和《へいわ》の太陽となっていこう、と。

「私は少《すこ》しも恐《おそ》れない」「自分《じぶん》は太陽である」※4とは、取手《とりで》市ゆかりの社会運動家《うんどうか》・平塚《ひらつか》らいてうの言葉《ことば》です。

生命《せいめい》に
元初《がんじょ》の太陽
立ち昇れ
希望《きぼう》の夜明けは
今《いま》ここからと

私がご自宅《じたく》に伺《うかが》った、水戸で染物業《そめものぎょう》を営《いとな》んできた友人夫妻《ふさい》は、以前《いぜん》、なかなか夫婦仲《ふうふなか》がうまくいかず、悩《なや》んでいました。お子《こ》さんも病弱《びょうじゃく》でした。

しかし、善き先輩《せんぱい》たちに励まされ、あきらめの日々と決別《けつべつ》して、本当に幸福になろう、心から人の幸《しあわ》せを思《おも》える人生を送《おく》ろうと決意《けつい》したのです。

夫人《ふじん》は、苦手《にがて》な読《よ》み書《か》きにも挑戦《ちょうせん》して、人間革命《かくめい》の哲学《てつがく》を学《まな》び、できることから実践《じっせん》していきました。バイクも乗《の》りこなして、自分と同《おな》じように家庭《かてい》の問題《もんだい》などに苦《くる》しむ友のもとを訪《おとず》れては、励ましました。郷土のために、夫《おっと》とも手《て》を携《たずさ》えて貢献《こうけん》していきました。夫妻の真心《まごころ》で、多くの家庭が蘇生《そせい》したといいます。

鉾田（ほこた）の友人宅で。郷土の繁栄に奔走する鹿島地域の友らと（1982年2月）

そして、自分たちも、〝夫婦ゲンカ〟さえ漫才《まんざい》のように楽《たの》しい、明《あか》るい和楽《わらく》の一家となっていったのです。

夫に先立《さきだ》たれた後、夫人は自らの大病《たいびょう》を幾度《いくど》も克服《こくふく》しつつ、一人《ひとり》一人を慈《いつく》しみながら「一緒に幸せになろうね」と声《こえ》をかけ、手を差《さ》し伸《の》べてきました。皆から「そばにいるだけで安心《あんしん》できる人」と頼《たよ》りにされ、感謝される慈母《じぼ》として総仕上《そうしあ》げの人生を飾《かざ》られたのです。

五浦《いづら》に住《す》んだ近代《きんだい》日本美術《びじゅつ》の指導者《しどうしゃ》・岡倉天心《おかくらてんしん》

は、「話《はな》し言葉というものは、私たちが有《ゆう》する最《もっと》もすばらしい贈物《おくりもの》ではないでしょうか」[※5]と述《の》べました。

太陽が万物《ばんぶつ》に光《ひかり》を贈《おく》るように、人は、いつでも、どこでも、誰にでも、声一つで、励ましを、慈愛《じあい》を、希望を贈ることができます。真心の対話《たいわ》こそ、最も人間らしい贈り物でありましょう。

真《ま》っ直《す》ぐに
伸びゆく あやめの
気品《きひん》かな
勝ちぬく友の
貴《とうと》き姿《すがた》よ

水郷《すいごう》・潮来《いたこ》を彩《いろど》るあやめは、紫《むらさき》や白《しろ》や黄《き》の花は優美《ゆうび》にして、真っ直ぐに立つ茎《くき》や葉《は》は鋭《するど》く強い。それは、潮来や近隣《きんりん》の鹿嶋《かしま》、稲敷の友の、芯《しん》強く、誇り高い人格《じんかく》と相通《あいつう》じています。

気品あるあやめを描《えが》いた日本画の名匠《めいしょう》・横山大観《よこやまたいかん》（水戸市出身）も、艱苦《かんく》に満ちた歳月《さいげつ》を乗り越えました。十年余《よ》の間《あいだ》に、父《ちち》、妻《つま》、娘《むすめ》、弟《おとうと》、妹《いもうと》、親友《しんゆう》、恩師《おんし》・岡倉天心と相次《あいつ》いで死別《しべつ》。画家《がか》としても悪評《あくひょう》に晒《さら》され、不慮《ふりょ》の災害《さいがい》で家《いえ》まで焼失《しょうしつ》しました。

そのなかにあっても「芸術《げいじゅつ》への精進《しょうじん》」を、自分に厳《きび》しく命《めい》じたのです。大観は「忍苦《にんく》に忍苦を重《かさ》ねたその頃の精進が、至《いた》らぬながらも今日《こんにち》の私を築き得《え》た」と振《ふ》り返っています。※6

私の妻が知る大洗町《おおあらいまち》の女性は、事故《じこ》で家族《かぞく》の一人を失《うしな》った悲《かな》しみや、パニック障害《しょうがい》などの病気《びょうき》にも負けず、地域で愛される喫茶店《きっさてん》を営んできました。しかし東日本大震災《だいしんさい》の津波《つなみ》で、店《みせ》は汚泥《おでい》にまみれました。

家族と共に、町が大変《たいへん》な時《とき》こそ、人々の安《やす》らぎとなるよう店を再開《さいかい》し、復興《ふっこう》の先駆けの火《ひ》を灯《とも》そうと、立ち上がったのです。

「皆、悲しみや悔《くや》しさを抱《かか》えながら頑張《がんば》っています。町の人が少しでもホッとして、元気《げんき》になってもらいたい。震災を経《へ》て、この町で生《い》きる喜びと使命《しめい》が、ますます強くなりました」と。


二〇一五年九月、関東・東北豪雨《とうほくごうう》で、常総市や境町《さかいまち》をはじめ各地《かくち》を水害《すいがい》が襲《おそ》いました。わが友人たちは、即座《そくざ》に避難《ひなん》を呼《よ》びかけ合い、豪雨後《ご》は、安否《あんぴ》を確認《かくにん》して励まし合いました。若《わか》き友もボランティアで多くの家庭の復旧《ふっきゅう》に尽くしてくれました。日頃《ひごろ》、培《つちか》っている地域の絆が、どれほど希望の光となるかを、皆、実感《じっかん》したといいます。
「私たちは負けません。必《かなら》ず毒《どく》を変《へん》じて薬《くすり》と為《な》してみせます」という、茨城の友の不屈《ふくつ》の決意を、涙《なみだ》して伺いました。私も妻も、心からお見舞い申し上げるとともに、一日も早《はや》い復興と皆さまのご健康《けんこう》を、毎日祈《まいにちいの》っております。

人生の
春夏秋冬《しゅんかしゅうとう》
強くあれ
揺《ゆ》るがぬ筑波の
山《やま》の如《ごと》くに

詩人《しじん》・野口雨情《のぐちうじょう》（北茨城《きたいばらき》市出身）は、世界市民《せかいしみん》も世界的な芸術も、郷土に根《ね》を張《は》ってこそ、その幹《みき》や枝《えだ》を広く伸ばすことができると論《ろん》じました。[※7]
グローバル（地球規模《ちきゅうきぼ》の）時代《じだい》とは、世界に大《おお》きく舞台《ぶたい》を広げるとともに、より大きな視《し》野《や》から郷土の文化《ぶんか》の素晴《すば》らしさを見つめ直《なお》し、いっそう磨《みが》いていく時代でもありましょう。
わが友人たちは、すでに四十年ほど前《まえ》、雨情が叫《さけ》んだ「郷土に対《たい》する愛」[※8]を光《ひか》らせて、

丹精込められた、あやめの庭園の前で。あやめの花言葉は「よき便り」。
茨城の友の人生に〝幸福の便り〟が多きことを心から祈りつつ
（1990年6月、水戸市）

郷土文化祭《ぶんかさい》を開催《かいさい》しました。

県花《けんか》のバラをテーマにしたダンスもあれば、鹿島《かしま》の皆さんのあやめ踊《おど》り、「筑波のガマ」の寸劇《すんげき》もありました。さらに、地域貢献への決意を込《こ》めて、伝統《でんとう》の「茶《ちゃ》つみ歌」「磯節《いそぶし》」「大漁節《たいりょうぶし》」「古河甚句《こがじんく》」「鹿島港音頭《こうおんど》」を歌い舞《ま》ってくれたのです。

子どもたちが、水戸黄門《こうもん》に扮《ふん》したり、雨情の童《どう》謡《よう》の「兎《うさぎ》のダンス」や「しゃぼん玉《だま》」にあわせて演技《えんぎ》したりと、笑顔の絶《た》えない、未来《みらい》への希望が広がる祭典《さいてん》は、今、思い起《お》こしても胸が温《あたた》かくなります。

顧《かえり》みれば、「子どもの幸福」を第一とする創価《そうか》教育《きょういく》の創始者《そうししゃ》・牧口常三郎先生《まきぐちつねさぶろうせんせい》は、戦時下《せんじか》、下妻《しもつま》を訪れました。友人の七歳《さい》の子が病床《びょうしょう》にあると聞き、東京《とうきょう》から駆けつけて、一家を最大《さいだい》に勇気《ゆうき》づけたのです。

茨城には、日本最初《さいしょ》の女性の小学校《しょうがっこう》教員《きょういん》・黒澤止幾《くろさわとき》先生（東茨城郡《ひがしいばらきぐん》出身）、日本人初《はつ》の幼稚園《ようちえん》保姆《ほぼ》である豊田芙雄《とよだふゆ》先生（水戸市出身）など、慈愛《じあい》深き女性教育者の先駆《せんく》の歴史《れきし》も輝いています。

子どもは未来からの使者《ししゃ》です。育ちゆく若芽《わかめ》に、励ましという養分《ようぶん》を注《そそ》ぎ、愛情《あいじょう》、信頼、希望という陽光で照《て》らすことによって、十人十色《じゅうにんといろ》の鮮やかな花が咲き開いていくのでしょう。何《なに》かのきっかけをつかんで、一気《いっき》に大きく成長《せいちょう》していくのが、若い生命です。

かの黄門さま——徳川光圀《とくがわみつくに》公も、少年《しょうねん》時代は、周囲《しゅうい》から心配《しんぱい》されるほどの腕白《わんぱく》さでした。しかし、十八歳の時に良書《りょうしょ》を学んで改心《かいしん》し、成長を遂《と》げていきます。やがて、人材《じんざい》こそ宝《たから》とし、人の短所《たんしょ》には大《おお》らかに、長所《ちょうしょ》を大切に伸ばす指導者となっていった歴史は、誠《まこと》に痛《つう》快《かい》な劇《げき》です。

私も、茨城の少年少女《しょうじょ》との思い出がたくさんあります。私が贈った「学ばずは卑《いや》し」との指針《ししん》を胸に、向学《こうがく》の青春を勝ち開いてくれた足跡《そくせき》も嬉《うれ》しい限《かぎ》りです。

筑波大学、筑波研究学園都市《けんきゅうがくえんとし》をはじめ茨城には、社会貢献の英才《えいさい》も、きら星のごとく育っています。

日立《ひたち》港《こう》、常陸那珂《ひたちなか》港、大洗《おおあらい》港が統合《とうごう》した茨城港は、鹿島港とともに、日本、世界の各地との交流《こうりゅう》の新時代を開く力《ちから》として発展を続《つづ》けています。
多様性《たようせい》に富《と》み、人材が躍《おど》り出る茨城は、未来創造《そうぞう》の希望のモデルなりと、私は確信《かくしん》して
やみません。
新《あたら》しい一年も、先駆けの梅花が薫る、愛する茨城の天地から、幸福勝利の花よ、爛漫《らんまん》と
咲き広がれと、強く祈り、エールを送ります。

栄光《えいこう》は
先駆の道に
輝けり
喜び進《すす》まむ
前へ前へと

フィリピン

光《ひかり》の国《くに》の「分《わ》かち合《あ》う心《こころ》」

（二〇一四年十二月号）

わが魂《たましい》
太陽《たいよう》なりと
闇破《やみやぶ》り
夜明《よあ》けを広《ひろ》げむ
愛《あい》する天地《てんち》に

海《うみ》は人《ひと》と人を結《むす》ぶ道《みち》です。

日本には、太平洋《たいへいよう》という大《おお》いなる道で結ばれた友人《ゆうじん》たちが、たくさんいます。

なかでも、フィリピンは、おつきあいも古《ふる》く、縁《えにし》も深《ふか》い、大切《たいせつ》なご近所《きんじょ》の友人です。

「東洋《とうよう》の真珠《しんじゅ》」と謳《うた》われるフィリピンには、美《うつく》しさで世界的《せかいてき》に名高《なだか》い、大海原《おおうなばら》を染《そ》める朝《あさ》

「東洋の真珠」フィリピンには歓待の心が光る。まばゆい陽光、涼しげな水面、緑の木々、やさしい曲線模様が演出する、憩いの時間(著者撮影)

日《ひ》や夕日《ゆうひ》の陽光《ようこう》があります。そして、まさしく真珠に譬《たと》えるべき人々の心の光があります。

振《ふ》り返《かえ》れば、一九六二年の一月、私が中東《ちゅうとう》へ向《む》かう途中《とちゅう》、マニラを経由《けいゆ》した折《おり》、フィリピンの友人たちが、空港《くうこう》の送迎《そうげい》デッキから見送《みおく》ってくれました。飛行機《ひこうき》が離陸《りりく》するまで、腕《うで》も千切《ちぎ》れんばかりに手《て》を振ってくれた、真心《まごころ》あふれる姿《すがた》が、目《め》に焼《や》きついて離《はな》れません。

以来《いらい》、フィリピンと日本の間《あいだ》で、幾《いく》たびとなく往来《おうらい》を重《かさ》ね、心の絆《きずな》を深め、友情《ゆうじょう》の輪《わ》を広げてきました。

フィリピンは、七千を超《こ》える島々《しまじま》と、非常《ひじょう》に多《た》様《よう》な民族《みんぞく》から成《な》ります。

そこには、フィリピン語《ご》で「パキキサマ」すなわち「尊敬《そんけい》」「同苦《どうく》」「連帯《れんたい》」という伝統《でんとう》の精神《せいしん》の和音《わおん》が響《ひび》きわたっています。

この平和《へいわ》の島々が、どれほど残酷《ざんこく》な戦乱《せんらん》に苦《くる》しめられてきたか。

十六世紀《せいき》からスペイン、十九世紀末《まつ》からアメリカの植民地《しょくみんち》とされ、第二次《だいにじ》世界大戦では日本軍が侵略《しんりゃく》し、暴虐《ぼうぎゃく》を尽《つ》くしてしまいました。その軍国主義《ぐんこくしゅぎ》の冷酷《れいこく》さ、非道《ひどう》さは、私も少年時代《しょうねんじだい》から命《いのち》に刻《きざ》みつけてきた一人《ひとり》です。だからこそ、不当《ふとう》な圧政《あっせい》に対《たい》し、自由《じゆう》と正義《せいぎ》への闘争《とうそう》を貫《つらぬ》いてきたフィリピンの人々の勇気《ゆうき》に、言《い》い知《し》れぬ敬意《けいい》を覚《おぼ》えるのです。

フィリピン国歌《こっか》には、強《つよ》く歌《うた》われています。

「愛《いと》しき祖国《そこく》／東洋に輝《かがや》く真珠よ／君《きみ》の胸《むね》に燃《も》える炎《ほのお》は／永遠《えいえん》に尽きることはない／勇者《ゆうしゃ》を生《う》みだす／麗《うるわ》しき地《ち》よ／もう二度《ど》と征服者《せいふくしゃ》どもに／踏《ふ》みにじらせはしない」※1

フィリピンの光彩《こうさい》は、いかなる逆境《ぎゃっきょう》にも屈しない太陽の魂から放《はな》たれているのです。

大海《たいかい》の
　真珠の島に
　　咲《さ》く笑顔《えがお》
　　　煌《きら》めく心は
　　　　無上《むじょう》の宝《たから》と

独創的《どくそうてき》な地理学者《ちりがくしゃ》であった牧口常三郎《まきぐちつねさぶろう》先生《せんせい》は、「太平洋通《どお》り」という表現《ひょうげん》をして、通《とお》り沿《ぞ》いの街《まち》のように、海を囲《かこ》む国々が結びついていると主張《しゅちょう》しました。※2 牧口先生は日本の軍国主義と戦《たたか》い、獄死《ごくし》しました。

その志《こころざし》を受《う》け継《つ》ぐ我《わ》が恩師《おんし》・戸田城聖《とだじょうせい》先生は獄中《ごくちゅう》闘争を生《い》き抜《ぬ》き、そして、「アジアの民衆《みんしゅう》から心より信頼《しんらい》された時《とき》はじめて、日本は平和の国と言える」との信念《しんねん》を、私たち若《わか》い世代《せだい》に託《たく》されたのです。

この両先生の平和の願《ねが》いを胸に、フィリピンの天地で、地道《じみち》に誠実《せいじつ》に粘《ねば》り強《づよ》く、信頼を広げてきた女性《じょせい》たちの奮闘《ふんとう》も忘《わす》れられません。

日本からフィリピンに嫁《とつ》いだ女性は、夫《おっと》の事業《じぎょう》の失敗《しっぱい》や病気《びょうき》に直面《ちょくめん》しました。どん底《ぞこ》から這《は》い上《あ》がるような悪戦苦闘《あくせんくとう》が続《つづ》きましたが、その自身《じしん》の苦労《くろう》も他者《たしゃ》への思《おも》いやりに変《か》えて、打《う》ちひしがれる人々の幸福《こうふく》に尽くそうと、勇《いさ》んで島々を駆《か》け回《まわ》っていったのです。

女性の活躍という点《てん》でも、フィリピンはアジアの先駆《せんく》です。

「フィリピン革命《かくめい》の母《はは》」メルチョラ・アキノは、十九世紀末、独立《どくりつ》を目指《めざ》す闘士《とうし》たちを支《し》援《えん》して、皆《みな》の〝おばあさん〟のように慕《した》われました。拠点《きょてん》や財産《ざいさん》、食糧《しょくりょう》などを惜《お》しみなく提供《ていきょう》し、傷病者《しょうびょうしゃ》を看護《かんご》し、植民地政府《せいふ》による投獄《とうごく》・追放《ついほう》を恐《おそ》れなかったのです。

そして、フィリピンは一八九九年にアジアで先《さき》んじて民主国家《みんしゅこっか》を成立させ、一九三七年

マニラで友と交流のひととき(1991年4月)

に女性参政権《さんせいけん》も実現《じつげん》しました。今《いま》や、世界をリードする「男女平等《だんじょびょうどう》の国」と誇《ほこ》り高《たか》く輝いています。

アジア初《はつ》の女性大統領《だいとうりょう》も、フィリピンから誕生《たんじょう》しました。最愛《さいあい》の夫の暗殺《あんさつ》という悲劇《ひげき》を乗《の》り越《こ》え、一九八六年の「ピープル・パワー革命」で独裁政《どくさいせい》権《けん》を打倒《だとう》した指導者《しどうしゃ》コラソン・アキノさんです。

マラカニアン宮殿《きゅうでん》に表敬《ひょうけい》した際《さい》、女性へのメッセージを伺《うかが》うと、「必《かなら》ず、自分《じぶん》でなければならない『無上《ベスト》の使命《しめい》』があります。その役割《やくわり》、人生《じんせい》の目的《もくてき》を、自分を見《み》つめ、発見《はっけん》してほしいのです」と答《こた》えてくださいました。

私は、フィリピン独立の大英雄《だいえいゆう》ホセ・リサール博士の詩《し》「花々《はなばな》のなかの花よ」の一節《いっせつ》を詠《よ》み上げました。

「黒雲《こくうん》たちこめる悲《かな》しみの心も、あなたがいれば晴《は》れやかに輝く。そしてあなたの香気《こうき》は、バラたちを花開《ひら》かせる。ひとつの棘《とげ》すらもなく」

にっこりと微笑《ほほえ》まれた笑顔が、今も胸に残《のこ》ります。

大空《おおぞら》も
大海原《おおうなばら》をも
包《つつ》みゆく
慈愛《じあい》の光に
嵐《あらし》も晴れゆけ

フィリピンの大地《だいち》には、まばゆい日《ひ》ざしを浴《あ》びて、白《しろ》く清《きよ》らかな国花《こっか》サンパギータ、鮮《せん》烈《れつ》に燃え上がる赤《あか》のブーゲンビレア、明《あか》るく元気《げんき》あふれる黄色《きいろ》のヒマワリなど、百花繚乱《ひゃっかりょうらん》の花また華《はな》が、いつも咲き誇っています。

作家《さっか》のウィルフレッド・ヴィルトゥシオは、「民衆の胸の中《なか》に蒔《ま》かれた種《たね》はきっと育《そだ》ち続けるに違《ちが》いないのです」※3と綴《つづ》っていました。

一日に一人でもよい。友《とも》の胸の中に「希望《きぼう》の種」を蒔いていけば、それは、やがて、どんなに麗《うるわ》しい花を咲かせ、どんなに豊《ゆた》かな実《みの》りをもたらしていくことでしょう。

フィリピン第二の島・ミンダナオで、多《おお》くの友から〝お母《かあ》さん〟と慕《した》われた女性がいます。

夫の故郷《ふるさと》の、この島に、夫妻《ふさい》で渡《わた》ったのは一九七〇年代のことです。当時《とうじ》、島では武力《ぶりょく》衝突《しょうとつ》が繰《く》り返されていました。そのなかで、彼女《かのじょ》は「ここに幸福と平和の花園《はなぞの》を築《きず》こう!」

と誓《ちか》いを立《た》て、社会《しゃかい》のために献身《けんしん》していったのです。

それは、想像《そうぞう》以上の困難《こんなん》の連続《れんぞく》でした。電気《でんき》や電話《でんわ》のない場所《ばしょ》もあり、ロウソクや懐中《かいちゅう》電灯《でんとう》を携《たずさ》えて、遠《とお》くまで一軒《いっけん》また一軒、友の家《いえ》に足《あし》を運《はこ》び、心を明るく照《て》らしていきました。

昨年《さくねん》(二〇一三年)十一月、巨大台風《きょだいたいふう》による甚大《じんだい》な被害《ひがい》を受《う》けたレイテ島、サマール島の友人たちも、「友の苦しみは、わが苦しみ」と、地域の人々と労苦《ろうく》を分かち合い、励《はげ》まし合って進《すす》んでいます。

わが友の
　憂《うれ》いに泣《な》きて
　　われは立つ
　　　幸福　贈《おく》らむ
　　　　正義を果《は》たさむ

フィリピン大学《だいがく》の総長《そうちょう》を務《つと》められたホセ・アブエバ博士は、私と同《おな》い年《どし》であり、対談《たいだん》を重ね、家族《かぞく》ぐるみで交流《こうりゅう》を続けてきました。

博士は、「わが国には『現代《げんだい》の英雄』がいる。ビルを造《つく》り、魚《さかな》を捕《と》り、子《こ》どもを育て、

鮮烈な太陽の紅の光線が、静穏な星の夜空の幕を開く。
フィリピンには、日々、大自然の荘厳にして美しいドラマが（著者撮影）

額《ひたい》に汗《あせ》して働《はたら》く多くの民衆こそ『現代の英雄』である。こうした民衆の活力《かつりょく》こそ、その国の繁栄《はんえい》の基盤《きばん》となる」と語《かた》られていました。

その庶民《しょみん》が伝《つた》えてきた重要《じゅうよう》な伝統には、「バヤニハン（共同《きょうどう》社会における相互扶助《そうごふじょ》）」の精神があります。そして、皆の幸福を目指す「カタルンガン（正義）」の精神があります。

博士との対話《たいわ》では、〝女性は『感情《かんじょう》』という『心の知性《ちせい》』でも、はるかに優《すぐ》れ、和《なご》やかな人間関係《にんげんかんけい》を創《つく》り出《だ》すことに秀《ひい》でている〟と、深く一致《いっち》を見ました。

嬉《うれ》しいことに、フィリピン大学をはじめ、ルソン島、ミンダナオ島、ビサヤ諸島《しょとう》の多くの大学と、創《そう》価《か》大学は有意義《ゆういぎ》な教育《きょういく》交流をしています。

創価大学の通信《つうしん》教育部に学《まな》んだ女性は、「学《がく》は光」「学ばずは卑《いや》し」を信条《しんじょう》として、積極果敢《せっきょくかかん》に挑戦《ちょうせん》また挑戦、努力《どりょく》また努力を貫《つらぬ》き通《とお》してきました。今、愛する祖国の青年《せいねん》を慈《いつく》しみ、伸《の》ばしながら、聡明《そうめい》に力《ちから》の限《かぎ》り、社会貢献《こうけん》の前進《ぜんしん》のリーダーシップを発揮《はっき》しています。

私と妻《つま》がフィリピン大学を訪問《ほうもん》した折、一緒《いっしょ》に記念写真《きねんしゃしん》に納《おさ》まった女子学生《じょしがくせい》は、「闇《やみ》が深ければ深いほど、暁《あかつき》は近《ちか》い」との信念で、職場《しょくば》の人間関係や仕事《しごと》の行き詰《づ》まりで悩《なや》んだ時も、「自分自身が変わるんだ」と決《き》めて乗り越えてきました。爽《さわ》やかに信頼と友情を勝《か》ち広げています。

一人一人の女性が、自《みずか》らの生命《せいめい》の太陽を、思う存分《ぞんぶん》に輝かせていく時、地域も社会も世界も、どれほど明るくなり、温《あたた》められていくか――フィリピンには、その平和の先端《せんたん》のモデルがあります。

フィリピンの偉大《いだい》な「教育の母」ラウレアナ・ロサレスさんは、若き日、戦時中《せんじちゅう》の日本軍の蛮行《ばんこう》「バターン死《し》の行進《こうしん》」から奇跡《きせき》の生還《せいかん》を遂《と》げた一人です。その血涙《けつるい》の体験《たいけん》から、世界平和に寄与《きよ》する人材《じんざい》の育成《いくせい》を願い、キャピトル大学をミンダナオ島に創立《そうりつ》されています。来日《らいにち》された際、創価学園生《がくえんせい》に語ってくださった言葉《ことば》に、私も妻も胸を熱《あつ》くしました。「皆さんの生きる時代が絶対《ぜったい》に平和であるように、人生をかけて生き抜いてください。愛《あい》情《じょう》を持《も》ち、理解《りかい》を持ち、他者を尊敬する心を学び、困《こま》っている人には手を差《さ》し伸《の》べる一人一人になってください」と。
このキャピトル大学などにご協力《きょうりょく》をいただき、創価大学看護《かんご》学部は「国際《こくさい》看護研修《けんしゅう》」を行《おこな》っています。未来《みらい》の看護師たちは、生命の尊厳《そんげん》を高らかに掲《かか》げて、異文化《いぶんか》看護ケアや、民衆に奉仕《ほうし》する医療《いりょう》サービスを、フィリピンの心とともに、学び取っています。

私が創立した民主音楽協会《おんがくきょうかい》（民音《みんおん》）では、環太平洋《かんたいへいよう》を結ぶ、新《あら》たなマリンロード（海の道）の意義《いぎ》を込《こ》め、フィリピン文化センターのラモン・オブサン民族舞踊団《ぶようだん》、バレエ・フィリピンズ等を、日本に招《しょう》へいしてきました。

フィリピンには、東洋と西洋《せいよう》が融合《ゆうごう》する文化があり、ルソン島北部《ほくぶ》のバナウェの棚田《たなだ》のように自然《しぜん》と人間が共生《きょうせい》する文化があり、それぞれの島が継承《けいしょう》してきた多彩《たさい》な文化があります。

二〇一一年、リサール博士の生誕《せいたん》百五十周年《しゅうねん》を記念し、青年たちがマニラ首都圏《しゅとけん》のパサイ市《し》で開催《かいさい》した「青年友好文化祭《ゆうこうぶんかさい》」は、多様性《たようせい》の調和《ちょうわ》を見事《みごと》に謳《うた》い上げました。

長年《ながねん》、交流を重ねてきたラモス元《もと》大統領も、若人《わこうど》の大舞台《おおぶたい》を喜《よろこ》ばれ、「フィリピン人の三つのモットー。それは、『思いやる心』『分かち合う心』『挑戦の心』です」と激励《げきれい》してくださいました。これこそ、若き世代に受け継いでほしい「平和の文化」の魂です。

マニラ近郊《きんこう》、憧《あこが》れの景勝地《けいしょうち》タガイタイ市のタール湖《こ》を一望《いちぼう》する、友たちの総合《そうごう》文化センターは、地域の青年や人々の啓発《けいはつ》の場《ば》となってきました。

この秋《あき》には、かつて〝マニラの女王《クィーン》〟と呼《よ》ばれた首都の由緒《ゆいしょ》ある道「エスコルタ通り」に、わが友の念願《ねんがん》だったマニラ国際平和会館《かいかん》が誕生しました。商業《しょうぎょう》、経済《けいざい》の要衝《ようしょう》として国際的に発展《はってん》してきた場所です。

いかなる試練《しれん》も苦楽《くらく》も分かち合い、そして、勇気と智慧《ちえ》と慈悲《じひ》を分かち合いながら、平和への新たな躍進《やくしん》が始《はじ》まっています。

真珠を結び合わせたような美しいフィリピンの島々から、多様な人々の心をつなぐ世界平和の宝のスクラムが輝き広がるに違いありません。その未来を見つめ、愛するフィリピンに「マブハイ（万歳《ばんざい》）！」と叫《さけ》びたい思いでいっぱいです。

海を越え
　怒濤《どとう》を越えて
　　どこまでも
勇気の大船《たいせん》
　希望の翼《つばさ》で

アルゼンチン

友情《ゆうじょう》を広《ひろ》げる躍動《やくどう》のリズム

（二〇一五年二月号）

わが街《まち》よ
勝《か》ち栄《さか》えよと
奮《ふる》い立《た》つ
あなたも私も
歴史《れきし》の主役《しゅやく》と

心《こころ》には翼《つばさ》があります。
それは、どんなに遠《とお》くにいる友《とも》のもとへも、瞬時《しゅんじ》に羽《は》ばたいていける不思議《ふしぎ》な翼です。
地球《ちきゅう》という丸《まる》い星《ほし》にあって、日本と南米《なんべい》アルゼンチンは、ちょうど反対側《はんたいがわ》になります。
それだけ距離《きょり》があっても、アルゼンチンの友人《ゆうじん》と私たちは、いつでも心を通《かよ》わすことができる友情の翼を分《わ》かち持《も》っています。

この国《くに》は、出会《であ》う人々《ひとびと》を、皆《みな》、「友よ！」と包《つつ》み込《こ》まずにはおかない、温《あたた》かさと優《やさ》しさにあふれているのです。


心の翼は、ありとあらゆる差異《さい》を悠々《ゆうゆう》と飛《と》び越《こ》えて、「世界市民《せかいしみん》」の連帯《れんたい》を広げます。

世界市民を自負《じふ》していたアルゼンチンの詩人《しじん》ボルヘスは、日本を訪《おとず》れた折《おり》、最愛《さいあい》の母《はは》の思《おも》い出《で》を心を込めて語《かた》りました。

「母は誰《だれ》に対《たい》しても親切《しんせつ》で公平《こうへい》でした。身分《みぶん》や社会的地位《しゃかいてきちい》が異《こと》なるからと言《い》って、横柄《おうへい》な態度《たいど》で人に接《せっ》したことは一度《いちど》もないんです。上流《じょうりゅう》のご婦人《ふじん》であろうが、果物屋《くだものや》のおかみさんであろうが、彼女《かのじょ》にとっては同《おな》じでした。誰とも屈託《くったく》なく話《はな》しました」[※1]と。

分《わ》け隔《へだ》てのない、この母の大《おお》らかな心を、詩人は胸《むね》に抱《いだ》いていました。そして、同じ人《にん》間《げん》同士《どうし》が国家《こっか》の枠《わく》で分かたれ、対立《たいりつ》し、生命《せいめい》を傷《きず》つけ、都市《とし》を破壊《はかい》する戦争《せんそう》の悪《あく》に毅然《きぜん》と反対していったのでしょう。

アルゼンチンは、スペイン人の入植《にゅうしょく》が始《はじ》まった十六世紀以来《せいきいらい》、ヨーロッパ諸国《しょこく》をはじめ世界各地《かくち》から多《おお》くの移民《いみん》が憧《あこが》れ集《あつ》まってきた国です。さらに、さまざまな文化《ぶんか》がダイナミックに融合《ゆうごう》してきた国です。

南北《なんぼく》三千数百《すう》キロという国土《こくど》には、北《きた》には亜熱帯《あねったい》のジャングル、南《みなみ》には自然《しぜん》の雄大《ゆうだい》なパタゴニア、南極大陸《なんきょくたいりく》と向《む》きあう氷《こおり》と雪《ゆき》の世界があり、東《ひがし》には温帯《おんたい》の肥沃《ひよく》な大草原《だいそうげん》（パンパ）が広がり、西《にし》にはアンデスの高《たか》き峰々《みねみね》が聳《そび》えます。同じ国に、同時《どうじ》に四季《しき》が織《お》り成《な》される多様性《たようせい》に富《と》んでいるのです。

自然も、人も、文化も多彩《たさい》で賑《にぎ》やかなアルゼンチンでは、幾《いく》つもの歴史の試練《しれん》を経《へ》るなかで、それぞれの違《ちが》いを生《い》かし合《あ》い、ハーモニー（調和《ちょうわ》）を奏《かな》でる知恵《ちえ》が育《はぐく》まれています。それは、言わば生命という共通《きょうつう》の母なる大地《だいち》に立った、世界市民の知恵です。

ひろびろと
　皆を潤《うるお》す
　　豊《ゆた》かなる
　大河《たいが》のごとく
　　　生きよ　進《すす》めよ

アルゼンチンと日本の間《あいだ》に修好《しゅうこう》通商《つうしょう》航海《こうかい》条約《じょうやく》が成立《せいりつ》したのは、一八九八年のことです。以来、多くの日本人がアルゼンチンへ移住《いじゅう》し、最《もっと》も遠い二つの国を結《むす》ぶ懸《か》け橋《はし》となってき

文化の都として南米をリードするブエノスアイレス。
欧風建築が溶け込む街並み（著者撮影）

ました。

私の友人たちも、勇《いさ》んでアルゼンチンへ渡《わた》り、新《あら》たな道《みち》を不撓不屈《ふとうふくつ》の精神《せいしん》で切《き》り開《ひら》いてみせると挑《いど》みました。

それぞれに、仕事《しごと》で苦闘《くとう》を重《かさ》ね、友を創《つく》り、力《ちから》を合わせながら、社会で信頼《しんらい》を広げていきました。

アルゼンチンには、軍事政権《ぐんじせいけん》の圧政《あっせい》で数万人《すうまんにん》もの犠牲者《ぎせいしゃ》・行方不明者《ゆくえふめいしゃ》を出す苦難《くなん》の時代《じだい》もありました。

しかし、平和《へいわ》の志《こころざし》を同じくする、わがアルゼンチンの友たちは、その苦境《くきょう》を越え、安穏《あんのん》と幸《こう》福《ふく》の花を必《かなら》ず咲《さ》かせようと、皆の心の大地に希《き》望《ぼう》の種《たね》を蒔《ま》き続《つづ》けていきました。「地味《じみ》であっても、決《けっ》して焦《あせ》らず、一人《ひとり》一人と会《あ》い、一歩《いっぽ》一歩建設《けんせつ》していこう」と決意《けつい》していました。

その人間主義《しゅぎ》の絆《きずな》は、今《いま》や幾千幾万《いくせんいくまん》のスクラムへと大きく広がったのです。

情熱《じょうねつ》の
タンゴのごとく
躍動し
人生劇場《じんせいげきじょう》
喜《よろこ》び舞《ま》い抜《ぬ》け

アルゼンチンが誇《ほこ》る人類《じんるい》の宝《たから》の音楽《おんがく》が、タンゴです。

タンゴの誕生《たんじょう》のドラマは、十九世紀後半《こうはん》にさかのぼるといいます。大河ラプラタ川《がわ》に面《めん》したブエノスアイレスの港町《みなとまち》ボカには、多数《たすう》の移民が暮《く》らし、船員《せんいん》や労働者《ろうどうしゃ》であふれていました。ここで、キューバのハバネラ、ヨーロッパのワルツやポルカ、アルゼンチンのミロンガ、アフリカ起源《きげん》のカンドンベなどの舞踊《ぶよう》・音楽が溶《と》け合って、タンゴの躍動が始《はじ》まったとされます。

現代《げんだい》タンゴ界《かい》の最高峰《さいこうほう》のプグリエーセ氏《し》ご夫妻《ふさい》、また、モーレス氏ご夫妻をはじめ、幾《いく》多《た》の巨匠《きょしょう》たちと、私は交友《こうゆう》を結んできました。

〝タンゴの帝王《ていおう》〟と謳《うた》われるプグリエーセ氏に、「タンゴとは、一体《いったい》、何《なん》でしょうか」と伺《うかが》うと、淀《よど》みなく答《こた》えてくれました。

「人々の『心』から生《う》まれたアルゼンチンの民衆音楽《みんしゅうおんがく》です。ブエノスアイレスの場末《ばすえ》に生まれ、一時《いちじ》は下品《げひん》な音楽とされて遠ざけられたこともあった。しかし、庶民《しょみん》の心に受《う》け入《い》れられ、根《ね》を張《は》ったのです」と。

温かな心の世界を育みたい、豊かな心の世界を広げたい――それが、タンゴと同じく庶民の中《なか》で成長《せいちょう》してきた、私たちの一致《いっち》した希望です。

〝タンゴの王者《おうじゃ》〟モーレス氏も、「願《ねが》いは、音楽を通《とお》して世界の精神的交流《こうりゅう》を図《はか》ることです」と言われておりました。

私が創立《そうりつ》した民主《みんしゅ》音楽協会《きょうかい》（民音《みんおん》）では、一九七〇年から毎年《まいとし》のようにタンゴの日本公《こう》演《えん》を招《しょう》へいし、本年で四十五周年《しゅうねん》となりました。これまで公演は二千四百回《かい》を数《かぞ》え、鑑賞《かんしょう》者《しゃ》は累計《るいけい》三百六十万人に上《のぼ》ります。その積《つ》み重ねは、〝民音タンゴ〟として幅広《はばひろ》い層《そう》に理《り》解《かい》と共鳴《きょうめい》を高めてきました。

アルゼンチンのタンゴ界《かい》の方々《かたがた》にとっても、この日本のツアーは、自国《じこく》での音楽の流行《りゅうこう》に左右《さゆう》されず、じっくり演奏《えんそう》と創作《そうさく》を続ける機会《きかい》となったようです。名《な》だたる巨匠たちと若《わか》い人材《じんざい》の共演《きょうえん》が実現《じつげん》し、幾世代《いくせだい》もの優《すぐ》れたアーティストが陸続《りくぞく》と育《そだ》っていったと喜んでいただいています。

一九九〇年、東京富士美術館《ふじびじゅつかん》が、アルゼンチン大統領府《だいとうりょうふ》と共《とも》に、ブエノスアイレスの国立《こくりつ》美術館で開催《かいさい》した「日本美術の名宝展《めいほうてん》──日本の美とこころ」も大盛況《だいせいきょう》を博《はく》しました。

文化の翼は、時空《じくう》を飛び越えて、幾重《いくえ》にも価値《かち》を創造《そうぞう》していく力です。

アルゼンチン最大《さいだい》の名門《めいもん》・国立ブエノスアイレス大学《だいがく》との交流も、四十余星霜《よせいそう》にわたります。

長《なが》く同大学の発展《はってん》に尽《つ》くされたシュベロフ総長《そうちょう》は、国民的叙事詩《こくみんてきじょじし》『マルティン・フィエロ』の扉《とびら》に、その一節《いっせつ》「兄弟《きょうだい》は団結《だんけつ》せよ。これこそ第一義《だいいちぎ》である」を綴《つづ》り、贈《おく》ってくださいました。この名作《めいさく》には、「同胞《どうほう》」を愛《あい》し、苦楽《くらく》を共にする人間讃歌《さんか》が満《み》ちています。

私の胸に、アルゼンチンの学生《がくせい》の皆さんが歌《うた》い上《あ》げてくれた合唱《がっしょう》が蘇《よみがえ》ります。

「『友よ永遠《えいえん》に』が私たちの友情の歌／永遠とは真《しん》の友人／何《なに》ものも　何人《なにびと》も／この絆をこわせない」

教育《きょういく》の翼は、未来《みらい》永遠に崩《くず》れない平和と友情の絆を築いてくれます。

アルゼンチンの子どもたちとの笑顔の触れ合い（1993年2月）

わが友が
悩《なや》み戦《たたか》う
傍《かたわ》らに
われ飛びゆきて
支《ささ》え　守《まも》らむ

念願《ねんがん》かない、憧《あこが》れのアルゼンチンを初訪問《はつほうもん》できたのは、一九九三年のことです。

友たちがコリセオ劇場で、「民族《みんぞく》融合の大地に希望の曲《きょく》」とのテーマで創り上げた世界青年平和文化祭は見事《みごと》な民衆芸術《げいじゅつ》の絵巻《えまき》でした。アルゼンチンをはじめラテンアメリカが誇る音楽と舞踊の名演《めいえん》の数々《かずかず》は、すべてが素晴《すば》らしいものでした。

青年たちが「この胸の中に『太陽《たいよう》』を見《み》つけた」等《とう》と歌い、人生の勝利《しょうり》を決意し、良《よ》き市民、良き国民として、社会への貢献《こうけん》を誓《ちか》う声《こえ》は、今も心にこだましています。

アルゼンチン訪問で、私は、太陽のように明《あか》るい友たちと、「世界一、麗《うるわ》しい人間共和《きょうわ》の世界」を築こうと語り合ったものです。

困難《こんなん》の
闇《やみ》 迫《せま》るとも
恐《おそ》れなし
見よ 勇気《ゆうき》ある
胸中《きょうちゅう》 晴《は》れやか

「南米のパリ」とも称《しょう》されるブエノスアイレスの気品《きひん》薫《かお》る街並《まちな》みの中心地《ちゅうしんち》に当《あ》たるのが「五月広《ひろ》場《ば》」です。

広場は、一八一〇年、スペインからの独立《どくりつ》への第一歩となった「五月革命《かくめい》」の舞台でした。

二十世紀の後半には、広場で、軍事政権に夫《おっと》や子《こ》など家族《かぞく》を奪《うば》われた女性《じょせい》たちによって、決死《けっし》の非暴力《ひぼうりょく》の抗議《こうぎ》が行《おこな》われました。

日の光に輝きを増す芝生。白いテラス、深緑の木々とともに、
みずみずしい色彩のコントラストが人々をもてなす。
このブエノスアイレスの美しい幾何模様の庭での語らいが、
どのような友情を描いていくことか（著者撮影）

この「五月広場の母たち」と共に、命《いのち》を賭《と》して戦った人権《じんけん》の闘士《とうし》がペレス＝エスキベル博士です。博士と私は語らいを重ね、対談集《たいだんしゅう》『希望の力』（日本語版《ばん》タイトル『人権の世紀へのメッセージ』）を発刊《はっかん》しました。

対談で博士は、「女性は、生命を与《あた》える存在《そんざい》であり、人々に希望をもたらし、生命や人生に豊かさを与える存在です」[※2]と強調《きょうちょう》されました。

私の妻《つま》がよく知《し》るアルゼンチンの女性たちも、病気《びょうき》のこと、仕事のこと、家計《かけい》のこと、家族のことなど、多くの悩みに立ち向かいながら、それを人間革命の灯《ひ》をともすエネルギーと転《てん》じて前進《ぜんしん》してきました。そして、皆と知恵を出し合い、地域《ちいき》社会の課題《かだい》にも挑み、一《ひと》つ一つ打開《だかい》してきたのです。

まさに、女性が強《つよ》く賢《かしこ》く光《ひか》れば、社会も栄え輝《かがや》いていきます。

その後《うし》ろ姿《すがた》を見つめてきた後継《こうけい》の世代の乙女《おとめ》たちも、今、一人を大切《たいせつ》にし、その励《はげ》ましのために、幾百、幾千キロの道のりを、バスや飛行機《ひこうき》を乗《の》り継《つ》いで、広大《こうだい》な国土を駆《か》け巡《めぐ》っています。

また、苦労《くろう》に苦労を重ねてこられた日系《にっけい》移民の方々のお子《こ》さんたちも立派《りっぱ》に成長されました。私の中南米訪問の際《さい》、名通訳《めいつうやく》として活躍《かつやく》してくれた女性たちも、そうです。

民衆の平和運動《うんどう》の拠点《きょてん》として、ブエノスアイレスに完成《かんせい》した、友人たちの平和講堂《こうどう》は、「人間と自然の共生《きょうせい》」をテーマに設計《せっけい》され、同国のパレルモ大学から「最優秀建造物賞《さいゆうしゅうけんぞうぶつしょう》」を受賞《じゅしょう》するなど、ラテンアメリカ建築界《けんちくかい》から高く評価《ひょうか》されています。

女性がリードして各地《かくち》で進めてきた、核兵器《かくへいき》の廃絶《はいぜつ》、地球環境《かんきょう》の保護《ほご》、平和の文化の建設を主張《しゅちょう》する展示《てんじ》等にも大きな賞讃《しょうさん》が寄《よ》せられています。

アルゼンチン最古《さいこ》の大学・国立コルドバ大学の総長も務《つと》められたデリッチ博士が、父君《ちちぎみ》、母君への感謝《かんしゃ》を語られた言葉《ことば》が思《おも》い起《お》こされます。

「私は小《ちい》さな貧《まず》しい農家《のうか》に生まれました。父母は一生懸命《いっしょうけんめい》、根気強《こんきづよ》く、働《はたら》く姿を通して、働く尊《とうと》さを私に教《おし》えてくれました」

尊い先人《せんじん》の精神の宝を受け継ぎ、アルゼンチンの大地から、これからも、偉大《いだい》な平和貢献の世界市民が躍《おど》り出《で》ていくに違《ちが》いありません。

アルゼンチンの可愛《かわい》い小学《しょうがく》四年生の皆さんから、たくさんの質問《しつもん》をいただき、真心《まごころ》こめて喜んで答えをお送《おく》りしたこともあります。

「先生《せんせい》にとって、なにが一番大事《いちばんだいじ》なものですか」との問《と》いに、私は「友情」を挙《あ》げました。

「友情は宝です。友情は幸福です。友情は人生の花冠《かかん》です。友情が広がったぶんだけ、友情が深《ふか》まったぶんだけ、自分《じぶん》の人生が広くなり、深くなります。友情は喜びを二倍《ばい》にし、悲《かな》しみを半分《はんぶん》にしてくれます。『友情を大切に』――私は心から、こう申《もう》し上げておきます」と。

若き友たちも、自身の使命《しめい》の場所《ばしょ》で、地域社会で、皆を照《て》らす「灯台《とうだい》」になろうと努力《どりょく》を続けています。二〇一四年には、全国《ぜんこく》百五十三会場《かいじょう》に約《やく》一万五千人が集《つど》って共々に励まし合い、アルゼンチンのさらなる繁栄《はんえい》に向かって貢献しゆく、新たな出発《しゅっぱつ》をしました。

友たちが、アコンカグア山《さん》のごとく最高峰を目指《めざ》し、イグアスの滝《たき》のごとく勢《いきお》いよく、セイボの花のごとく赤々《あかあか》と情熱を燃《も》やして、人生と社会で勝利しゆく姿を、世界が見つめています。

平和とは
　心の壁《かべ》を
　　取《と》り払《はら》う
　　　希望の語らい
　　　　笑顔《えがお》のあなたよ

京《きょう》都《と》

美麗《びれい》の都《みやこ》で朗《ほが》らかに平安絵巻《へいあんえまき》を

（二〇一六年十一月号）

紅葉《こうよう》の
　燃《も》ゆるがごとく
　　描《えが》きゆけ
人生《じんせい》の旅《たび》
　　　平安絵巻と

秋《あき》の陽光《ようこう》や月光《げっこう》に照《て》らされつつ、草木《そうもく》は美《うつく》しき彩《いろど》りをもたらし、その豊《ゆた》かな実《みの》りは万物《ばんぶつ》を育《はぐく》んでいきます。

それは、幾《いく》つもの試練《しれん》を強《つよ》く耐《た》え抜《ぬ》き、自《みずか》らの命《いのち》を生《い》き切《き》った勝利《しょうり》の劇《げき》であるとともに、皆《みな》の命を支《ささ》え、命をつないでいく慈悲《じひ》のリレーであると言《い》ってもよいでしょう。

私たちの人生の旅も、一年また一年、自分《じぶん》らしい生命《せいめい》の彩りと実りで飾《かざ》りたいものです。日本の都《みやこ》・京都は、冬《ふゆ》の底冷《そこび》えも、夏《なつ》の炎暑《えんしょ》も、誠《まこと》に厳《きび》しい。それだけに、桜花爛漫《おうからんまん》の春《はる》の喜《よろこ》びも、満山錦繍《まんざんきんしゅう》の秋の清々《すがすが》しさも格別《かくべつ》です。

いにしえより雅《みやび》やかな春秋《しゅんじゅう》を綾《あや》なしてきた、この古都《こと》で、いかなる風霜《ふうそう》にも怯《ひる》まず、仲《なか》良《よ》く朗らかに平安の人生絵巻を描いているのが、私の大好《だいす》きな京都の宝友《ほうゆう》たちです。

京都を中心《ちゅうしん》とした平安朝《ちょう》に花開《はなひら》いた女性《じょせい》たちの文学《ぶんがく》は、人類《じんるい》の宝《たから》です。世界最古《せかいさいこ》の長編《ちょうへん》小説《しょうせつ》と言われる紫式部《むらさきしきぶ》の『源氏物語《げんじものがたり》』は、世界各国《かっこく》の知性《ちせい》の方々《かたがた》も愛読《あいどく》されています。

歴史学者《れきしがくしゃ》のトインビー博士のロンドンのご自宅《じたく》で、対談《たいだん》の合間《あいま》のティータイムに、奥様《おくさま》がわざわざ用意《ようい》してくださった玉露《ぎょくろ》をいただきながら、博士から、京都で出合《であ》ったお茶《ちゃ》の話《はなし》や、『源氏物語』の読後感《どくごかん》を伺《うかが》ったことも思《おも》い出《だ》されます。

この名作《めいさく》のなかに、「よく言へば、すべて何《なに》ごとも空《むな》しからずなりぬや」※1（よい意味《いみ》に解《かい》すれば、すべてどんなことでも無益《むえき》なものはないということになるのですね）との趣《おもむき》の深《ふか》い一節《いっせつ》があります。

私は、京都の友人《ゆうじん》たちと、何があっても良いほうに捉《とら》えていく心《こころ》の智慧《ちえ》を語《かた》り合《あ》ったことがありました。

いつの世《よ》も、誰しも、日々《ひび》の暮《く》らしのなかで悩《なや》みが尽《つ》きることはないでしょう。でも、

京の風情ある屋根の向こうには、
真っ赤に燃える紅葉がひときわ鮮やかに（著者撮影）

それを前向《まえむ》きに捉えていく心の賢《かしこ》き筆《ふで》さばきで、人生の名画《めいが》を生《う》み出《だ》すことができます。自分が苦労《くろう》した分《ぶん》だけ、人《ひと》への心遣《づか》いもこまやかになります。

平安時代《じだい》の名随筆《めいずいひつ》である、清少納言《せいしょうなごん》の『枕草子《まくらのそうし》』では、すばらしい女性とは「情《なさけ》を解する（心根のある）人」であり、たのもしいものは、気持《きも》ちが優《すぐ》れない時《とき》に「親身《しんみ》に心配《しんぱい》してくれる人」の励《はげ》ましであると、述《の》べられていました。※2

わが恩師《おんし》・戸田城聖先生《とだじょうせいせんせい》が激励《げきれい》してこられた京都の女性は、夫《おっと》が病気《びょうき》で仕事《しごと》をやめ、愛娘《まなむすめ》が結核《けっかく》で入院《にゅういん》するという暗闇《くらやみ》の淵《ふち》から立《た》ち上《あ》がりました。生命の力《ちから》を奮《ふる》い起《お》こし、苦難《くなん》を乗《の》り越《こ》えてきたのです。所願満足《しょがんまんぞく》の人生を切り開いた、この母《はは》は、心に大《おお》きな愛情《あいじょう》を光《ひか》らせて、杖《つえ》を頼《たよ》りに、地域《ちいき》の友《とも》の励ましに歩《ある》き抜いていきました。

——太陽《たいよう》のごとく明《あか》るく、白《しら》ゆりのごとく気高《けだか》く、紅葉のごとく燃えて、命ある限《かぎ》り楽《たの》しく前進《ぜんしん》していきます、と。
まさしく京都は、凜《りん》とした強さと朗らかさと慈愛《じあい》を併《あわ》せ持《も》つ女性が、幸《さち》の舞《まい》を広《ひろ》げゆく舞台《ぶたい》です。

ここにこそ
幸《さち》の都を
つくらむと
心の錦《にしき》よ
慈愛の舞かな

京都は世界の憧《あこが》れの都です。人気都市《にんきとし》のランキングでも、二〇一四年、一五年には二年連続《れんぞく》で世界一に輝《かがや》いています。※3
私が初《はじ》めて京都を訪《おとず》れたのは、小学校時代《しょうがっこう》の修学旅行《しゅうがくりょこう》です。東京《とうきょう》から鈍行列車《どんこうれっしゃ》に揺《ゆ》られ、長《なが》い遠《とお》い道《みち》のりに胸《むね》が高鳴《たかな》る旅でした。
以来《いらい》、数《かぞ》え切れぬほど、京都の麗《うるわ》しき自然《しぜん》と文化《ぶんか》、そして友の心と出《で》あいを結《むす》んできました。京都を愛する世界の友人たちとも、幾度となく一緒《いっしょ》に歴史を刻《きざ》みました。

京都市内《しない》の各区《かっく》はもとより、宇治《うじ》や舞鶴《まいづる》、福知山《ふくちやま》へも足《あし》を運《はこ》びました。また、時に高野川《たかのがわ》、鴨川《かもがわ》、桂川《かつらがわ》、宇治川、木津川《きづがわ》、由良川《ゆらがわ》の畔《ほとり》で、時に東山《ひがしやま》、西山《にしやま》、北山《きたやま》を仰《あお》ぎつつ、時に嵐山《あらしやま》ゆかりの中国《ちゅうごく》の周恩来総理《しゅうおんらいそうり》を偲《しの》びながら、語らいを重《かさ》ねたのです。

平安時代の女性の歌人《かじん》・赤染衛門《あかぞめえもん》の作《さく》と伝《つた》えられる『栄花物語《えいがものがたり》』には、「河《かは》ぞひ柳風《やなぎかぜ》吹《ふ》けば動《うご》くとすれど根は静《しず》かなり」※4とあります。

ゆく河《かわ》が流《なが》れ去《さ》り、風に木《き》がなびくような、権力《けんりょく》や財力《ざいりょく》の栄枯盛衰《えいこせいすい》の移《うつ》ろいを、鋭《するど》く見《み》極《きわ》めてきたのが、京の市井《しせい》の賢者《けんじゃ》たちです。

はかなき無常《むじょう》の変化《へんか》を超《こ》えて、京都が栄《さか》えてきた大地《だいち》こそ、たくましい民衆《みんしゅう》です。そして、その揺るぎなき根こそ、奥深き文化でしょう。

京都が誇《ほこ》る大芸術家《だいげいじゅつか》である本阿弥光悦《ほんあみこうえつ》の母・妙秀《みょうしゅう》は、子《こ》どもたちを大《おお》いに褒《ほ》めて育《そだ》てたとされます。「少《すこ》しにてもよき事《こと》あれば殊外悦《ことのほかよろこ》びほめけり」※5と。

また、幼子《おさなご》が悪《わる》いことをした時には、人前《ひとまえ》ではなく、母子二人《ふたり》だけになって抱《だ》き寄《よ》せながら、怒《おこ》らずに、諄々《じゅんじゅん》と諭《さと》したといいます。窮屈《きゅうくつ》に萎縮《いしゅく》させないように、伸《の》びやかに正《ただ》しい方向《ほうこう》へ成長《せいちょう》できるようにと、聡明《そうめい》に心がけていたのでしょう。

この母は、「善心《ぜんしん》」※6こそ宝なりという家風《かふう》を培《つちか》い、自らの振《ふ》る舞《ま》いで模範《もはん》を示《しめ》しました。

京都の子どもたちとの交流に笑顔が広がる（1986年11月）

子らも「世の為《ため》になる事」※7を信念《しんねん》とし、偉大《いだい》な人生と芸術の価値《かち》を創造《そうぞう》していったのです。

決《けっ》して色褪《いろあ》せぬ「美の都」とは、誰が見《み》ようが見まいが、庶民《しょみん》のなかで、地道《じみち》に、誠実《せいじつ》に、世のため、人のために尽くす生命の奥底《おうてい》にこそある。そして、真《しん》の「幸福《こうふく》の宮殿《きゅうでん》」とは、皆と仲睦《なかむつ》まじく支え合い、わが地域をより善《よ》く築《きず》き、栄えさせていく心のなかにこそ輝くのではないでしょうか。

私と妻《つま》がよく知《し》る女性は、最愛《さいあい》のお子さん方《がた》と夫を相次《あいつ》いで失《うしな》いました。三人《にん》のお子さんを抱《かか》えながら、二条城《にじょうじょう》の前《まえ》に遺《のこ》された西陣織《にしじんおり》の会社《かいしゃ》を、病弱《びょうじゃく》な体《からだ》を押《お》して経営《けいえい》せざるを得《え》ませんでした。不況《ふきょう》も重なり、精《せい》も根《こん》も尽き果《は》てたといいます。

その時、寄り添《そ》ってくれる友の真心《まごころ》に触《ふ》れ、「強く進《すす》もう」と勇《いさ》み立つことができました。やがて逆境《ぎゃっきょう》を克服《こくふく》して、友の苦悩《くのう》を我《わ》が事とし、断《だん》じて一緒に幸福になってみせるという慈母《じぼ》の人生を生き切りました。

その崇高《すうこう》な使命《しめい》の道を、お子さん方も、たくさんの後輩《こうはい》たちも、「今日《きょう》もまた明日《あす》もまた」「民《たみ》を救《すく》わん」「楽土《らくど》見ん」との心意気《こころいき》で、受《う》け継《つ》いでいます。

あの優《やさ》しき母の満面《まんめん》の笑顔《えがお》が、目《め》に浮《う》かんでくるようです。

母たちの
　祈《いの》りで築きし
　　城《しろ》なれば
　永久《とわ》に栄えよ
　　民を護《まも》りて

江戸《えど》時代の有名《ゆうめい》な屏風絵《びょうぶえ》「洛中洛外図《らくちゅうらくがいず》」には、京都の町《まち》を行く朝鮮通信使《ちょうせんつうしんし》を、人々が歓迎《かんげい》している様子《ようす》が描かれています。

京都は、伝統《でんとう》文化を厳《げん》として守《まも》り伝えつつ、開かれた心で、新《あら》たな文化も積極的《せっきょくてき》に吸収《きゅうしゅう》し、瑞々《みずみず》しい創造力を湛《たた》えてきました。その創造力の尽きることのない命脈《めいみゃく》は、いずれの分野《ぶんや》にあっても、師匠《ししょう》から弟子《でし》、先輩《せんぱい》から後輩への薫陶《くんとう》と継承《けいしょう》があればこそでしょう。

これは、イタリア・ルネサンスの滔々《とうとう》たる美の大河《たいが》の流れとも、響《ひび》き合っています。

昨年《さくねん》（二〇一五年）は、東京富士美術館《ふじびじゅつかん》の海外《かいがい》文化交流特別展《こうりゅうとくべつてん》として、「レオナルド・ダ・ヴィンチと『アンギアーリの戦《たたか》い』展」が、京都文化博物館《はくぶつかん》で盛大《せいだい》に開催《かいさい》されました。京都府とイタリア・トスカーナ州《しゅう》の経済《けいざい》交流、そして京都市とフィレンツェ市の姉妹《しまい》都市五十周年《しゅうねん》を意義《いぎ》深く祝賀《しゅくが》することもでき、喜びに堪《た》えません。

思えば、幕末《ばくまつ》・明治《めいじ》の激動《げきどう》の時代、京都画壇《がだん》の重鎮《じゅうちん》・幸野楳嶺画伯《こうのばいれいがはく》は、日本初《はつ》の公立画学校《こうりつがっこう》の設立《せつりつ》にも尽力《じんりょく》し、弟子の成長の「踏台《ふみだい》になる」※8ことを誉《ほま》れとして、教育《きょういく》に当《あ》たりました。

門下《もんか》の竹内栖鳳画伯《たけうちせいほう》は、師匠の薫育《くんいく》に応《こた》えつつ、先駆《さきが》けて西洋《せいよう》美術にも学《まな》び、日本画を発展《はってん》させました。「画道《がどう》というものは、幾度も幾度も自分の型《かた》を破《やぶ》り、新《あたら》しい道を開拓《かいたく》してこそ、遂《つい》に大成《たいせい》するもの」※9との信条《しんじょう》でした。

西陣織、京友禅《きょうゆうぜん》、京焼《きょうやき》・清水焼《きよみずやき》、京七宝《きょうしっぽう》、京人形《きょうにんぎょう》、黒谷和紙《くろたにわし》（綾部《あやべ》市）、丹後《たんご》ちりめん（丹後地方《ちほう》）をはじめ、伝統工芸《こうげい》に携《たずさ》わる友たちも、京菓子《きょうがし》、「京の台所《だいどころ》」南丹《なんたん》地域の農作物《のうさくぶつ》、山城《やましろ》地域が産地《さんち》の宇治茶など、食《しょく》文化を担《にな》う友たちも、新しい挑戦《ちょうせん》と開拓を忘《わす》れまいと、日々、精進《しょうじん》を続《つづ》けています。

三十年前の錦秋《きんしゅう》、「栄光《えいこう》の都――麗しき生命世紀《せいき》のプレリュード（前奏曲《ぜんそうきょく》）」をテーマに、青年《せいねん》を中心とした平和文化祭（国立《こくりつ》京都国際会館《こくさいかいかん》）を開催したことも蘇《よみがえ》ります。舞台《ぶたい》では、平安朝の公達《きんだち》や姫君《ひめぎみ》の装《よそお》いで、平和で雅な桜《さくら》の舞などが演《えん》じられました。装束《しょうぞく》や十二単《じゅうにひとえ》も、京友禅を基調《きちょう》とした手作《てづく》りでした。

世界に冠《かん》たる文化の都から、新しい平和の文化を創造しゆく喜びが溢《あふ》れていました。

美麗《びれい》なる
　おお創造の
　　魂《たましい》は
　京に薫《かお》らむ
　　花と満《み》ちたり

第二次《だいにじ》世界大戦後《たいせんご》、平和の文化国家《こっか》を目指《めざ》した心ある日本の人々が、世界への誇りとしたのも、京都が生み出してきた芸術でした。

戦時中《せんじちゅう》は軍港《ぐんこう》、戦後は大陸《たいりく》から引《ひ》き揚《あ》げた人々を迎《むか》える港《みなと》となった舞鶴で、友人たちが、これからは平和創造の港として栄える街《まち》にと毅然《きぜん》と語っていたことも、忘れられません。

戦時中にあっても、上村松園《うえむらしょうえん》画伯は、市井《しせい》の女性が、洗《あら》い張《は》りをしたり、障子《しょうじ》の紙《かみ》を切り貼《ば》りしたり、針《はり》仕事をしたり、子守《こもり》をしたりと、日常《にちじょう》の生活《せいかつ》を支える姿《すがた》を、気高く描きました。[※10]

生活を支えることは、生命を大切にすることです。生命の尊《とうと》さを讃《たた》えることは、生活を守るための献身《けんしん》を讃えることです。その意味《いみ》で、真摯《しんし》に働《はたら》く庶民の女性にこそ美しさを見《み》出《いだ》すのです。

上村画伯は、半世紀《はんせいき》にわたる自らの画業《がぎょう》を振《ふ》り返《かえ》り、こう語っていました。

「スラスラでき上がつたものより、途中《とちゅう》さまざまな失敗《しっぱい》のあつたものにかへつて良いものができることを度々《たびたび》経験《けいけん》してをります」[※11]

「私がいささかでもこの気魄《きはく》と克己心《こっきしん》を持つてをりますのは、母から受けついだ血《ち》であり、母の励ましのお陰《かげ》であらうと思つてをります」[※12]

困難《こんなん》さえも成長のチャンスに変《か》える、不屈《ふくつ》の心。それは、忍耐《にんたい》強い母たちからの贈《おく》り物《もの》と言えましょう。

私の妻が敬愛《けいあい》する京都の母娘《ははこ》も、しみじみと話《はな》していました。

「悩んで見境《みさかい》を失った人を励ますには、自分も最高《さいこう》の生命力を出すしかありません」と。

「平和の文化」の原点《げんてん》とは、女性が「負《ま》けたらあかん！」と謳《うた》い上げる生命の讃歌《さんか》ではな

京都での青年平和文化祭の舞台（1986年）。平安絵巻さながらの雅な桜の舞（著者撮影）

いでしょうか。

人知れぬ
労苦《ろうく》の日記《にっき》も
晴《は》れやかに
一変《いっぺん》するなり
歓喜《かんき》の歴史に

京都は「教育の都」です。人口《じんこう》に対《たい》する大学生《だいがくせい》の比率《ひりつ》が高《たか》く、探究《たんきゅう》の志《こころざし》が溢れる「学生の都」でもあります。

私も若《わか》き日、京都をはじめ関西《かんさい》の学生たちと、生命哲学《てつがく》の真髄《しんずい》を共《とも》に研鑽《けんさん》し合いました。

『善の研究《けんきゅう》』で知られ、琵琶湖疏水分流《びわこそすいぶんりゅう》沿《ぞ》いの道（哲学の道）を歩《ある》き思索《しさく》した哲学者・西田幾多郎《にしだきたろう》博士は、「他人《たにん》を人格《じんかく》として敬《けい》することによって、自己《じこ》が自由《じゆう》なる人格となることができる」[※13]と記《しる》しています。

今《いま》、二十一世紀の京都で学び鍛《きた》えゆく、わが希望《きぼう》の青年たちは、地域・社会《しゃかい》でも、文化・芸術でも、人のために自分らしく貢献《こうけん》しながら、威風堂々《いふうどうどう》の前進《ぜんしん》をしています。

民主音楽協会《みんしゅおんがくきょうかい》（民音《みんおん》）などが主催《しゅさい》する京都等での「関西留学生《りゅうがくせい》音楽祭」では、世界各国からの留学生たちが故郷《ふるさと》の音楽や舞踊《ぶよう》を披露《ひろう》しつつ、年々、尊い友情《ゆうじょう》の連帯《れんたい》を広げています。

大画家《だいがか》・俵屋宗達《たわらやそうたつ》は、白銀色《はくぎんしょく》の多《おお》くの〝舞鶴〟が連《つら》なって飛翔《ひしょう》し、海上《かいじょう》を越えゆく姿を描きました。

私の心には、「永遠《えいえん》の平安の都」京都の友が平和と文化の翼《つばさ》を広げて、世界へ雄飛《ゆうひ》していく未来《みらい》の絵巻が、彩り鮮《あざ》やかに描かれています。

嵐《あらし》にも
　負けない翼で
　　羽《は》ばたきて
　　　皆をいざなえ
　　　　彼方《かなた》の希望へ

スペイン

もっと先《さき》へ 命《いのち》燃《も》える情熱《じょうねつ》の旅《たび》を

（二〇一五年四月号）

燃え上《あ》がる
命の炎《ほのお》は
友《とも》どちを
照《て》らし 温《あたた》め
幸《さち》の笑《え》顔《がお》に

「太陽《たいよう》の心《こころ》」——それは「情熱」と一体《いったい》です。
情熱は、夢《ゆめ》を実現《じつげん》する力《ちから》です。
情熱は、希望《きぼう》を広《ひろ》げる力です。
夢に向《む》かい、希望に向かって、自分《じぶん》らしく、情熱を燃やして挑戦《ちょうせん》を重《かさ》ねる。

その命の炎こそ、自《みずか》らを輝《かがや》かせ、周囲《しゅうい》をも照らしていく太陽でありましょう。明《あか》るい人間性《にんげんせい》にあふれ、わが笑顔で友の笑顔を呼《よ》ぶ情熱の国《くに》が、憧《あこが》れのスペインです。首都《しゅと》マドリードの中心《ちゅうしん》には、「プエルタ・デル・ソル」すなわち「太陽の門《もん》」という名《な》前《まえ》の広場《ひろば》があります。

そこは、マドリードっ子《こ》たちはもちろん、世界中《せかいじゅう》から観光客《かんこうきゃく》を迎《むか》え入《い》れ、陽気《ようき》な笑《わら》い声《ごえ》が絶《た》えません。

イベリア半島《はんとう》に位置《いち》するスペインは、古来《こらい》、多様《たよう》な民族《みんぞく》が往来《おうらい》する十字路《じゅうじろ》でした。古代《こだい》ローマ帝国《ていこく》、八百年におよぶイスラム王朝《おうちょう》、さらには世界に版図《はんと》を広げたハプスブルク朝スペイン帝国などの歴史《れきし》が刻《きざ》まれています。

その流転《るてん》のなかで、スペインの大地《だいち》は、古代ギリシャ・ローマ文化《ぶんか》、イスラム文化、キリスト教文化を融合《ゆうごう》しながら、豊《ゆた》かな学芸《がくげい》の花《はな》を咲《さ》き薫《かお》らせてきたのです。

南部《なんぶ》アンダルシアを故郷《ふるさと》とするフラメンコも、世界の多彩《たさい》な文化との出あいのもとで育《はぐく》まれた音楽舞踊《おんがくぶよう》です。

私が初《はじ》めてスペインを訪《おとず》れたのは、一九六一年のことです。一九八三年六月に再訪《さいほう》した折《おり》、わが友たちが、それぞれの郷土《きょうど》の伝統《でんとう》の音楽や舞踊、歌声《うたごえ》を披露《ひろう》してくれた友情《ゆうじょう》の集《つど》

マドリードの「太陽の門」広場の近くに立つ文化財の建物には、街の歴史と品格が漂う。上部では、駿馬がひく戦闘馬車の像が、天を駆けるごとく、時を超えて、勝利への"情熱の旅"を続けている（著者撮影）

いを、私は忘《わす》れることができません。

この時《とき》、合唱《がっしょう》グループの一員《いちいん》だった、私の妻《つま》の友人《ゆうじん》は、青春時代《せいしゅんじだい》、父《ちち》や妹《いもうと》の死《し》、勤務先《きんむさき》の倒産《とうさん》や、職場《しょくば》での難《むずか》しい人間関係等《かんけいとう》、数々《かずかず》の困難《こんなん》に直面《ちょくめん》しました。

しかし、「まず自分が成長《せいちょう》することだ。自分が変《か》わることから始《はじ》めよう！」と決《き》めたといいます。そして、希望の歌声を忘れず、朗《ほが》らかに眼前《がんぜん》の課題《かだい》に一《ひと》つ一つ、挑戦していったのです。

三十年余《よ》の歳月《さいげつ》を経《へ》た今《いま》、何十倍《ばい》にも拡大《かくだい》した平和《へいわ》のスクラムのリーダーとして、溌剌《はつらつ》とスペイン社会《しゃかい》に貢献《こうけん》しています。

絢爛《けんらん》と文芸《ぶんげい》が興隆《こうりゅう》した「スペイン黄金世紀《おうごんせいき》」を代表《だいひょう》する文豪《ぶんごう》セルバンテスは、「うろたえていて幸《しあわ》せをつかめるものか。運命《うんめい》はおのが手《て》で切《き》り開《ひら》くべきものであろう」[※1]と綴《つづ》りました。

何《なに》があっても負《ま》けないことが真《しん》の幸福《こうふく》となる。苦難《くなん》との戦《たたか》いのなかに大《おお》いなる創造《そうぞう》がある。そして、最高《さいこう》の勝利《しょうり》とは自分に対《たい》する勝利である――この人生《じんせい》と芸術《げいじゅつ》の黄金律《おうごんりつ》が、スペインの文化には光《ひか》っているのです。

私の友人たちの合言葉《あいことば》の一つも、「ミ・ビクトリア」つまり「私の勝利」です。

フラメンコ
不幸《ふこう》は去《さ》れよと
舞《ま》いに舞い
歓喜《かんき》 響《ひび》かす
人生 美《うつく》し

スペインは、二十世紀前半《ぜんはん》の内戦《ないせん》、また、約《やく》四十年も続《つづ》いた苦《くる》しい独裁政権《どくさいせいけん》時代という苦難を越《こ》えて、一九七〇年代後半《こうはん》、民主主義体制《みんしゅしゅぎたいせい》へと移行《いこう》しました。

「スペインの奇跡《きせき》」と称《しょう》された、この大転換《だいてんかん》の息吹《いぶき》を、私も身近《みぢか》に感《かん》じた一人《ひとり》です。新《あたら》しい理想《りそう》の社会を築《きず》こうという、若々《わかわか》しい情熱があふれる各界《かっかい》のリーダーたちと闊達《かったつ》に語《かた》り合《あ》い、文化交流《こうりゅう》、教育《きょういく》交流を進《すす》めていきました。

セビリャ生《う》まれの詩人《しじん》マチャードは、人間の内面《ないめん》の奥深《おくふか》くにこそ、「新しい生命《いのち》の源泉《げんせん》」があり、「燃え立つ太陽」があると謳《うた》っています。[※2]

スペイン訪問《ほうもん》の際《さい》、私が懇談《こんだん》した若き友たちは、人間と社会を蘇生《そせい》させていく力の源泉は、わが内《うち》なる生命にあると立ち上がりました。そして、自らの使命《しめい》の場所《ばしょ》で、新しい地《ち》域《いき》社会の建設《けんせつ》の太陽と輝きゆくことを凜々《りり》しく決意《けつい》していたのです。

その時、スペインの各地《かくち》から、さらに本土《ほんど》より約千キロ離《はな》れたカナリア諸島《しょとう》からも駆《か》けつけ、今も決意を貫《つらぬ》いている友の活躍《かつやく》ほど嬉《うれ》しいものはありません。

殻破《からやぶ》り
根《ね》を張《は》り　大樹《たいじゅ》と
育《そだ》ちゆけ
不屈《ふくつ》の青春
嵐《あらし》も糧《かて》なり

名門《めいもん》マドリード・コンプルテンセ大学《だいがく》に伺《うかが》うと、ブステロ総長《そうちょう》が迎えてくださいました。総長館には、文豪セルバンテスや哲学者《てつがくしゃ》オルテガなど、錚々《そうそう》たる精神《せいしん》の巨人《きょじん》の胸像《きょうぞう》が並《なら》び立ち、峻厳《しゅんげん》な真理《しんり》の探究《たんきゅう》の伝統を湛《たた》えていました。大学キャンパスの緑《みどり》の木陰《こかげ》で、若き英才《えいさい》たちと和《なご》やかに懇談したことも、思《おも》い出《で》深い一《ひと》時《とき》です。

この大学の出身《しゅっしん》であるオルテガは、「生《せい》はその根底《こんてい》、その本質《ほんしつ》において明《あき》らかに利他主《りたしゅ》義的《ぎてき》である」[※3]と喝破《かっぱ》しました。英知《えいち》と情熱を尽《つ》くして、人《ひと》のため、社会のために価値《かち》創造するなかにこそ、生命の法則《ほうそく》にかなった、真の青春の勝利があります。

青年《せいねん》よ、天《てん》を衝《つ》く大樹のように、日差《ひざ》しの強《つよ》い日は皆《みな》を涼《すず》しい木陰に憩《いこ》わせ、悪天候《あくてんこう》の日は皆を風雨《ふうう》から守《まも》る、社会貢献の人材《じんざい》と育ちゆけ――。これは、バルセロナ大学のブリカル総長とも語り合った真情《しんじょう》です。

バルセロナ大学と創価《そうか》大学の教育交流の進展《しんてん》も、感謝《かんしゃ》に堪《た》えません。

バルセロナには、五十年前《まえ》(一九六五年)、隣国《りんごく》のフランスからポルトガルへ向かう際に経由《けいゆ》したことがあります。整然《せいぜん》として格調高《かくちょうたか》い街《まち》の姿《すがた》を現《あらわ》している芸術の都《みやこ》です。

青空のもと、パラソルも華やかな、マドリード市民の憩いの場・マヨール広場。
風格ある建物に囲まれた広場の歴史は、フェリペ3世(1578〜1621)に
さかのぼる(著者撮影)

私が創立《そうりつ》した東京富士美術館《とうきょうふじびじゅつかん》は、一九九五年、バルセロナの中心部《ちゅうしんぶ》にある国宝《こくほう》の建物《たてもの》「カサ・ミラ」(別名《べつめい》ラ・ペドレラ〈石切場《いしきりば》〉)で「日本美術の名宝展《めいほうてん》」を開催《かいさい》し、深い共鳴《きょうめい》を広げました。

世界遺産《いさん》でもある、この建物を築いた大建築家《だいけんちくか》のガウディは、「芸術作品の本質は調和《ハーモニー》である」※4と洞察《どうさつ》しています。そして、「ものとものとの関係から豊饒《ほうじょう》さが、それらの分離《ぶんり》から不毛《ふもう》が生まれる」※5というのです。

ガウディには、スペイン伝統のムデハル様式《ようしき》(イスラム文化とキリスト教文化が融合した建築様式)が啓発《けいはつ》を与《あた》えたといわれます。

人間も、違《ちが》いがあるからこそ、結合《けつごう》すれば、豊かな創造を生み出すことができます。

私は、文化交流を通《とお》して、スペインと友情

を育み、平和に貢献したいと願《ねが》ってきました。

東京富士美術館は、「巨匠《きょしょう》ゴヤの名作《めいさく》展」（一九九三年）を日本で、「フランス印象派《いんしょうは》展」（九五年）をスペイン北部《ほくぶ》の古都《こと》サンティリャナ・デル・マルで開催したこともあります。

さらに、わが民主音楽協会《きょうかい》（民音《みんおん》）は、スペインから、マリア・ロサ・スペイン舞踊団、サルスエラ歌劇場《かげきじょう》、フラメンコのスターの方々《かたがた》など、たくさんの芸術家を日本に招《しょう》へいしてきました。また、歌舞伎《かぶき》、獅子舞《ししまい》、三味線《しゃみせん》、和太鼓《わだいこ》、民謡《みんよう》等、日本の伝統芸能《げいのう》のスペイン公演《こうえん》も大成功《だいせいこう》を収《おさ》めました。

文化は、人間を分離する力と戦い、人間を結合する力を強める、大いなる道《みち》でありましょう。

文化とは
野蛮《やばん》の闇《やみ》を
追《お》い払《はら》う
人間性の
光《ひかり》の戦い

スペインの教育科学相《かがくしょう》などを歴任《れきにん》してこられた、「人類《じんるい》の頭脳《ずのう》」ローマクラブの名誉会《めいよかい》長《ちょう》ホフライトネル博士は、私との対談《たいだん》で語られました。

「人類は、まず自分自身《じしん》を見《み》つめる必要《ひつよう》があります。人は、自分のできることの大きさを知《し》れば、より深い思いやりをもって他の人と接《せっ》することができます」※6と。

一人一人の人間の生命には、自らの人生も、地域社会も、地球《ちきゅう》の命運《めいうん》さえも、より善《よ》く変えていける偉大《いだい》な力が備《そな》わっています。

だからこそ大切《たいせつ》なのは、自他共《じたとも》に、自身の無限《むげん》の力を引《ひ》き出《だ》していく、民衆《みんしゅう》の「エンパワーメント（内発的《ないはつてき》な力の開花《かいか》）」ではないでしょうか。

そのためにも、身近で言《い》えば、真心《まごころ》からの「励《はげ》まし」の対話《たいわ》が重要《じゅうよう》です。

近年《きんねん》、スペインでも、厳《きび》しい経済状況《けいざいじょうきょう》で、多《おお》くの人が職《しょく》を失《うしな》い、生活《せいかつ》の行き詰《づ》まりに苦しみ、あきらめの風潮《ふうちょう》も広がったといいます。

しかし、私が、ずっと見守ってきた正義《せいぎ》の熱血《ねっけつ》の偉丈夫《いじょうふ》は、不況《ふきょう》のなか、〝社会で勝利の実証《じっしょう》を示《しめ》して、友たちに勇気《ゆうき》と希望を贈《おく》ってみせる〟との情熱で努力《どりょく》を重《かさ》ねました。彼《かれ》は二百倍の競争率《きょうそうりつ》を突破《とっぱ》し、一流企業《いちりゅうきぎょう》での就職《しゅうしょく》を勝《か》ち取《と》り、実績《じっせき》を残《のこ》していきました。そして今、一人一人の友を大事《だいじ》に励ましながら、スペイン社会に友情と信頼《しんらい》の大きな輪《わ》を広げています。

マドリード・コンプルテンセ大学への図書1000冊の贈呈式。
ブステロ総長と会談（1983年6月）

ガリシア出身の詩人ロサリアは、「私がこの目で／見てきた、／どんな美しい大地よりも／美しい我《わ》が故郷」と讃《たた》えました。彼女《かのじょ》は、故郷の人々の苦しみを和《やわ》らげ、喜《よろこ》びに変えたいと歌い上げています。[※7]

日本から移住《いじゅう》した友たちも、〝美しい我が故郷〟スペインのために健闘《けんとう》しています。ある友は、「真心」こそを無上《むじょう》の財産《ざいさん》として、近《ちか》しい人間の裏切《うらぎ》りにも怯《ひる》まず、カナリア諸島や全土《ぜんど》を駆《か》け巡《めぐ》り、スペイン人の仲間《なかま》と苦楽《らく》を共に励まし合って前進《ぜんしん》してきたのです。

私が敬愛《けいあい》してやまない友たちは、スペインを「世界の縮図《しゅくず》」として捉《とら》え、人種《じんしゅ》や民族の違いを超《こ》えた、励ましの対話に勇《いさ》んで挑戦してきました。そして、スペインで活発《かっぱつ》な「文明間《ぶんめいかん》対話」「宗教間《しゅうきょうかん》対話」を柱《はしら》となって推進《すいしん》し、平和の連帯《れんたい》を築くために、大いに貢献しています。

グラナダゆかりの青年詩人ロルカは、偏狭《へんきょう》な国家《こっか》主義に反対《はんたい》し、「わたしはすべての人々の兄弟《きょうだい》※8」と叫《さけ》びました。

開かれた対話があってこそ、多様な人々と結《むす》び合い、調和していくことができます。ここに「平和の文化」があります。

「平和の文化」を創《つく》り広げる大地は、生命の尊厳《そんげん》です。

友は、生命尊厳の哲学をもとに、各地で、世界の少年少女《しょうねんしょうじょ》絵画展《かいがてん》、核廃絶《かくはいぜつ》と反戦《はんせん》を訴《うった》える展示《てんじ》、環境《かんきょう》保全《ほぜん》を訴える展示を開催してきました。女性《じょせい》に対する暴力撤廃《ぼうりょくてっぱい》を主張《しゅちょう》するなど、女性のエンパワーメント運動《うんどう》を展開《てんかい》し、友情を培《つちか》う芸術の祭典《さいてん》も重ねてきています。

二〇〇五年、スペイン全土から二千人が集った青年の文化の祭典では、皆で大合唱しました。

「新しい日を告《つ》げる　太陽のように
私の心の宝《たから》は　行く道を照らし　輝くだろう
一人じゃない　ともに進む友がいる
平和が　信じあう心が　友情が
きっと勝利する世界　築くため――」

若人《わこうど》の大情熱こそ、新時代を照らす太陽です。
先輩方《せんぱいがた》の慈愛《じあい》に包《つつ》まれ、平和建設に燃える青年たちが陸続《りくぞく》と成長しているスペインは、
いやまして二十一世紀の太陽の国と輝き渡《わた》っていくことでしょう。
スペインの国章《こくしょう》には記《しる》されています。
「プルス・ウルトラ（もっと先へ）」と。
私は日々祈《いの》っています。
スペインの未来《みらい》への旅路《たびじ》に更《さら》なる凱歌《がいか》あれ！　愛《あい》するスペインの友に栄光《えいこう》あれ！　と。

スペインの
友に勝利と
幸福を
祈りよ届《とど》けと
今日《きょう》も明日《あした》も

岡《おか》山《やま》

晴《は》れのスクラム　限《かぎ》りなき前進《ぜんしん》

（二〇一八年七月号）

限りなく
　嵐《あらし》も見《み》下《お》ろし
　　進《すす》みゆけ
太陽《たいよう》の道《みち》
　　晴れの笑《え》顔《がお》で

太陽は「天《てん》の笑顔」です。

おおらかに、また惜《お》しみなく、みんなを包《つつ》み、励《はげ》まします。

太陽は、雨《あめ》が降《ふ》ろうが、嵐が来《こ》ようが、雲《くも》を突《つ》き抜《ぬ》けた高《たか》みに笑顔を光《ひか》らせて、「限りなき前進」を続《つづ》けます。

この「天の笑顔」が満《み》ちあふれた「晴れの国《くに》」が岡山です。ひときわ晴天《せいてん》の日《ひ》が多《おお》い岡山の大地《だいち》には、女性《じょせい》たち、母《はは》たちの「地上《ちじょう》の笑顔」も晴れ晴れと光っています。

岡山と言《い》えば、この「晴れのスクラム」との快活《かいかつ》な語《かた》らいが、私の脳裏《のうり》に幾重《いくえ》にも蘇《よみがえ》ってくるのです。

岡山は、民衆教育《みんしゅうきょういく》、また、女性教育の先覚《せんかく》の地です。名高《なだか》き教育者の上代淑《かじろよし》は語りました。

「ほんとに私共《ども》の心《こころ》に太陽の様《よう》な光線《こうせん》を貯《たくわ》へ、いついかなるところにもそれを発散《はっさん》させて、明《あか》るい世《よ》の中《なか》を作《つく》りたい」[※1]と。

まさに、人《ひと》を育《そだ》てることは、一人《ひとり》一人の胸中《きょうちゅう》に「知恵《ちえ》の太陽」「勇気《ゆうき》の太陽」「慈愛《じあい》の太陽」を昇《のぼ》らせることでしょう。

近世《きんせい》には、庶民《しょみん》教育の学校《がっこう》として日本最古《さいこ》の閑谷《しずたに》学校（備前市《びぜんし》）をはじめ、敬業館《けいぎょうかん》（笠《かさ》岡《おか》市）、興譲館《こうじょうかん》（井原《いばら》市）などが開設《かいせつ》されました。そして読書《どくしょ》も活発《かっぱつ》になり、文字《もじ》・活字《かつじ》文化《ぶんか》がより広《ひろ》く培《つちか》われていったのです。

近代《きんだい》には、全国《ぜんこく》の一割《わり》にもおよぶ多数《たすう》の女学校《じょがっこう》が創《つく》られ、女子《じょし》教育が興隆《こうりゅう》したとされます。

詩人《しじん》・竹久夢二《たけひさゆめじ》（瀬戸内市出身《せとうちしゅっしん》）が綴《つづ》った童話《どうわ》では、教師《きょうし》が少女《しょうじょ》を励ました言葉《ことば》が印象《いんしょう》的《てき》です。

「何《なに》を言はれても、好《よ》いと思《おも》つたことを迷《まよ》はずするやうな、強《つよ》い子《こ》になつて下《くだ》さい」※2と。

思えば、一九七八年七月、私が、伸《の》びゆく若人《わこうど》たちに「正義《せいぎ》の走者《そうしゃ》」という歌《うた》の詩《し》を贈《おく》ったのも、岡山市でした。真《ま》っ赤《か》な夕日《ゆうひ》が天地を染《そ》めるなか、思い出の出会《であ》いを刻《きざ》んだ若《わか》き友《とも》たちが、この四十年、強く明るく「正義の走者」として使命《しめい》深《ぶか》き人生《じんせい》を走《はし》り続けてくれていることは、嬉《うれ》しい限りです。

太陽の笑顔の光に応え、瀬戸内海にも微笑むように金波が踊る。彼方に名勝・鷲羽山が（著者撮影、倉敷市）

心には
　宇宙《うちゅう》の力《ちから》
　　脈《みゃく》打《う》てり
　正義つらぬく
　　強さは我《われ》に

岡山は、日本で最《もっと》も住《す》みやすいという声《こえ》を、よく聞《き》きます。

父《ちち》なる中国山地《ちゅうごくさんち》、母なる瀬戸内海《せとないかい》に抱《いだ》かれ、素晴《すば》らしい景観《けいかん》と温暖《おんだん》な気候《きこう》に恵《めぐ》まれています。吉井川《よしいがわ》、旭川《あさひがわ》、高梁川《たかはしがわ》の三大河川《さんだいかせん》が潤《うるお》す大地は豊饒《ほうじょう》です。

しかも古来《こらい》、中国、近畿《きんき》、四国《しこく》を結《むす》ぶ交通《こうつう》の要衝《ようしょう》として産業《さんぎょう》と文化を栄《さか》えさせてきました。

幾多《いくた》の人材《じんざい》が躍《おど》り出て、日本の新時代《しんじだい》の潮流《ちょうりゅう》を起《お》こしてきた源《みなもと》でもあります。

「憲政《けんせい》の神様《かみさま》」と称《しょう》された犬養毅首相《いぬかいつよししゅしょう》（岡山市出身）は、「正義ハ終局《しゅうきょく》の勝者也《しょうしゃなり》」※3との信念《しんねん》で、忍耐《にんたい》強く政治社会《せいじしゃかい》の改善《かいぜん》に挑《いど》みました。

青年《せいねん》の育成《いくせい》に心を砕《くだ》いていた犬養首相は、牧口常三郎先生《まきぐちつねさぶろうせんせい》、戸田城聖《とだじょうせい》先生が、一九三〇年十一月、『創価《そうか》教育学体系《がくたいけい》』を発刊《はっかん》した折《おり》にも、巻頭《かんとう》の題字《だいじ》を寄《よ》せてくださいました。

わが師匠《ししょう》・戸田先生は、一九五六年六月、岡山市の烏城公園《うじょうこうえん》での集会《しゅうかい》で、その恩義《おんぎ》を偲《しの》びつつ、首相の故郷から新《あたら》しい日本社会の模範《もはん》をと呼《よ》びかけたのです。

私が岡山を初《はじ》めて訪《おとず》れたのは、この年の秋《あき》十月でした。以来《いらい》、岡山の麗《うるわ》しき天地を、春夏秋冬《しゅんかしゅうとう》、幾度《いくど》、駆《か》け巡《めぐ》ったことでしょうか。

烏城の雄姿《ゆうし》を映《うつ》す旭川や後楽園《こうらくえん》の一帯《いったい》を友とまわり、備中高松城址《びっちゅうたかまつじょうし》にも足《あし》を運《はこ》びました。

日本一高い山城《やまじろ》・備中松山城《まつやまじょう》の話《はなし》を聞きながら、岡山に未来《みらい》を開《ひら》く人材の牙城《がじょう》をと展望《てんぼう》したこともあります。

友人《ゆうじん》たちの生活《せいかつ》・仕事《しごと》・社会貢献《こうけん》の牙城たる自宅《じたく》やお店《みせ》にも伺《うかが》ってきました。病《やまい》に立《た》ち向《む》かう友を見舞《みま》い、その後《ご》、友から元気《げんき》に回復《かいふく》したとの知《し》らせが届《とど》いた喜《よろこ》びも、思い起こされます。

優美《ゆうび》な玉野《たまの》市の渋川海岸《しぶかわかいがん》や、名勝《めいしょう》・豪渓《ごうけい》がある総社《そうじゃ》市でのひと時《とき》も、また、津山駅《つやまえき》、美《みま》作加茂《さかかも》駅、新見《にいみ》駅、倉敷《くらしき》駅での交流《こうりゅう》も、さらに、皓々《こうこう》と冴《さ》えわたる名月《めいげつ》を一緒《いっしょ》に仰《あお》いで句を詠《よ》み合《あ》ったことも、大切《たいせつ》な吉備《きび》の国の思い出です。

詩人・薄田泣菫《すすきだきゅうきん》（倉敷市出身）は〝どのような生命《せいめい》にも、美があり、力があり、光輝《こうき》がある〟[※4]と謳《うた》いました。

人間《にんげん》は、皆《みな》、互《たが》いの生命の花《はな》を咲《さ》かせながら、平和《へいわ》と幸福《こうふく》の園《その》を織《お》り成《な》していく仲間《なかま》です。その美《うつく》しき絆《きずな》を蘇生《そせい》させていこう！　陰《かげ》で皆を支《ささ》えている人に光《ひかり》を当《あ》て、大事《だいじ》にしていこう！　と、私たちはこの地で折々に語り合ってきました。

だれびとが
見るも見ざるも
明日《あす》に咲け
愛《あい》する郷土《きょうど》に
種《たね》まく誇《ほこ》りよ

居合わせた岡山の友との心通う語らいのひと時（1985年10月、岡山市）

岡山の親《した》しい旧友《きゅうゆう》夫妻《ふさい》がいます。

家業《かぎょう》のメッキ事業《じぎょう》の不振《ふしん》、夫《おっと》のてんかんや肺結核《はいけっかく》、姑《しゅうとめ》との不和《ふわ》などを乗《の》り越《こ》えました。

そして夫妻は、深い思いやりをたたえて、岡山の町々をまわり、山に分《わ》け入《い》り、海風《うみかぜ》に吹《ふ》かれ、たくさんの友人や後輩《こうはい》の悩《なや》みに耳《みみ》を傾《かたむ》けつつ、励ましを送《おく》っていきました。時に、夫はポンコツ車《しゃ》を乗りこなし、夫人《ふじん》はベビーカーを押《お》しながら――。

お子さんたちが不登校《ふとうこう》になったり、夫が末期《まっき》の胃《い》がんを宣告《せんこく》されたり、試練《しれん》は続きました。

しかし、「どうして自分《じぶん》が」と嘆《なげ》くより、「これで、また宿命《しゅくめい》を転換《てんかん》できる」と腹《はら》を決《き》めて、夫妻は立ち上《あ》がっていったのです。

「第《だい》一に勇気、第二にも勇気、第三にも勇気」

「どんな苦《くる》しい境涯《きょうがい》でも、必《かなら》ず幸《しあわ》せになれる」

さらに、「わが家《や》の幸福のためにも、地域《ちいき》社会に尽《つ》くそう」と。

この夫妻の地域社会への献身《けんしん》の道に、お子さんたちやお孫《まご》さんたちも、多くの後輩も、誇り高く続いています。

岡山には、身《み》を削《けず》って生命を守《まも》り育《はぐく》む、医療《いりょう》や福祉《ふくし》の歴史《れきし》が光っています。

かの医学者《いがくしゃ》・緒方洪庵《おがたこうあん》（岡山市出身）は、「安逸《あんいつ》を思はず、名利《めいり》を顧《かえり》みず、唯《ただ》おのれをすてゝ人を救《すく》はんことを希《ねが》ふべし」[※5]と強調《きょうちょう》し、医療の発展《はってん》に尽くすとともに、大阪《おおさか》に適塾《てきじゅく》を開き、澎湃《ほうはい》と人材を育成しました。

妻《つま》の八重《やえ》も、遠方《えんぽう》より集《つど》った青年たちの母代《が》わりになって、親身《しんみ》に世話《せわ》をしました。「おっ母《か》さんのようにしている恩人」[※6]とは、塾生《じゅくせい》の一人であった福沢諭吉《ふくざわゆきち》の述懐《じゅっかい》です。

洪庵の教《おし》えを受《う》けた岡山の難波抱節《なんばほうせつ》は、命《いのち》を賭《と》して、コレラ流行《りゅうこう》で苦しむ人々の救済《きゅうさい》に飛《と》び込《こ》みました。

近代では、社会事業家・留岡幸助《とめおかこうすけ》（高梁市出身）が感化院《かんかいん》（現在《げんざい》の児童自立支援施設《じどうじりつしえんしせつ》）を創り、児童福祉の父・石井十次《いしいじゅうじ》が岡山孤児院《こじいん》を開きました。

精神科医《せいしんかい》の神谷美恵子《かみやみえこ》は、岡山の国立《こくりつ》ハンセン病療養所《びょうりょうようじょ》で尽力《じんりょく》し、人間は自他《じた》共の幸福を目指《めざ》すべきだと訴《うった》えました。

今《いま》、日本はもとより、世界《せかい》七十五カ国以上《いじょう》で設置《せっち》され、多くの方々《かたがた》の〝希望《きぼう》の眼《め》〟となっている「点字《てんじ》ブロック」も、半世紀前《はんせいきまえ》に、岡山で誕生《たんじょう》しました。

私が信頼《しんらい》する岡山大学《だいがく》出身の名医《めいい》の夫妻も、まことに真摯《しんし》であり、誠実《せいじつ》です。

仏典《ぶってん》には「日月《にちがつ》・衆星《しゅしょう》も己心《こしん》にあり」と記《しる》されています。「太陽も、月《つき》も、星々《ほしぼし》も、私たちの心にある」というのです。

岡山の友の美しき心ありて、美しき自然《しぜん》も景観も歴史も守られているのでしょう。「本州《ほんしゅう》一きれい」と言われる星空《ほしぞら》を守ってこられた美星町《びせいちょう》（現《げん》・井原市）の取《と》り組《く》みは、全国の先駆《さきが》けです。

たびたび伺った倉敷市も、その「美観《びかん》」を大切にしてきました。

倉敷川に沿《そ》って白壁《しらかべ》の建物《たてもの》が立つ、風情《ふぜい》ある街並《まちな》み。古来、舟運《しゅううん》で栄えた倉敷から望《のぞ》む眩《まばゆ》い瀬戸内海の光景《こうけい》。海は青《あお》く、鷲羽山《わしゅうざん》は秀麗《しゅうれい》で、今年《ことし》（二〇一八年）開通《かいつう》三十周年《しゅうねん》の瀬戸大橋《おおはし》も、倉敷から四国へ美しい線《せん》を描《えが》いています。

私の妻が知る倉敷市の女性は、難病《なんびょう》と闘《たたか》うお子さん方を、歯《は》を食《く》いしばって育みながら、「一番《いちばん》苦しんだ人が、一番幸せになる」との信念を掲《かか》げ通《とお》してきました。

そして、「命」の深い意味《いみ》をわが子に教《おそ》わるなかで、「障《しょう》がいのある子どもたちが、自分らしく暮《く》らせる社会に」と願《ねが》い、介護《かいご》のためのＮＰＯ《エヌピーオー》法人《ほうじん》を設立《せつりつ》しました。多くの仲間と

稲穂が黄金に実る秋、西岡山駅（現・岡山貨物ターミナル駅）付近で。西日本を結ぶ要衝・岡山には、多くの線路が並び、新幹線が颯爽と走る（著者撮影）

共に支え合って、若き命の未来へ、希望の虹《にじ》を懸《か》けています。

岡山には、民間《みんかん》の力、民衆の力で、社会を変《か》えていく気風《きふう》が漲《みなぎ》っています。

大実業家《だいじつぎょうか》の大原孫三郎翁《おおはらまごさぶろうおう》（倉敷市出身）は、故郷に日本初《はつ》の西洋美術館《せいようびじゅつかん》を創立《そうりつ》しました。私も、かつて、この大原美術館を訪れ、郷土と世界への文化貢献に思いを馳《は》せたことは忘《わす》れられません。

同館の館長を務《つと》める高名《こうめい》な美術史家・高階秀爾《たかしなしゅうじ》先生は語られていました。

「先達《せんだつ》が築《きず》いた伝統《でんとう》をしっかりと受け継《つ》ぎ、それらを十分《じゅうぶん》にそしゃくして自《みずか》らの内《うち》に取り込むことによって、自分自身《じしん》の芸術《げいじゅつ》を新しく築き上げる。これが歴史をつくるダイナミックな動《うご》きになっているのです」[※7]と。

人と人
　海こえ時こえ
　　結び合う
　　　心の大橋
　　　　友情讃《ゆうじょうさん》歌《か》を

わが友人たちは、一九八五年、国連《こくれん》の「国際《こくさい》青年年」の意義《いぎ》を込めて、岡山市で出演者《しゅつえんしゃ》五千人を超《こ》える青年平和文化祭《さい》を大成功《だいせいこう》させました。

その演技《えんぎ》のなかでは、岡山三大踊《おど》りの一つ「松山踊り」や、異国風《いこくふう》の「唐子踊《からこおどり》」、人々に潤いを与《あた》える岡山三大河川を表《あらわ》した舞踊《ぶよう》「せせらぎは舞《ま》う」、「瀬戸大橋音頭《おんど》」にあわせた舞踊なども披露《ひろう》されました。

テーマを「栄光《えいこう》の世紀へ　平和の懸け橋」と掲げ、瀬戸大橋の完成《かんせい》に向かい、伝統文化を宣揚《せんよう》しながら、郷土の大発展を願うものでした。歴史から未来へ、郷土から世界へ、平和の文化と友情の橋を懸ける気概《きがい》に満ちていたのです。

岡山の伝統文化に、古代《こだい》に淵源《えんげん》をもつ「土《つち》と炎《ほのお》の芸術」備前焼《びぜんやき》があります。人間国宝《こくほう》の藤原啓《ふじわらけい》（備前市出身）は、若き日、何をやっても中途半端《ちゅうとはんぱ》だった失意《しつい》のなか、備前焼と出あい、その簡素《かんそ》な美に魅了《みりょう》されました。そして何回失敗《なんかいしっぱい》しても、地道《じみち》な作業《さぎょう》の連続《れんぞく》でも、そこにおもしろさを見出《みいだ》し、努力《どりょく》を重《かさ》ねて、大成《たいせい》したのです。

この巨匠《きょしょう》は青年に、「備前焼の出来不出来《できふでき》を決《き》めるのは、結局《けっきょく》は作る人の人柄《ひとがら》である」※8として、こう言い残《のこ》しました。

「人柄というのは、物事《ものごと》に対《たい》して謙虚《けんきょ》にかつ旺盛《おうせい》な探求心《たんきゅうしん》をもって臨《のぞ》み、日々精進《しょうじん》するところからにじみ出てくるものであろう」※9と。

勝山竹細工《かつやまたけざいく》をはじめ幾多の伝統工芸品《こうげいひん》も、それぞれに心血《しんけつ》を注《そそ》ぎ続けゆく「日々精進」の光彩《こうさい》を放《はな》っています。岡山は、国産《こくさん》ジーンズの発祥地《はっしょうち》であり、学生服《がくせいふく》の生産《せいさん》でも日本一を誇っています。

さらに陽光《ようこう》に恵まれた岡山は食《しょく》文化も豊《ゆた》かで、サワラやママカリ、ノリの養殖《ようしょく》、日生《ひなせ》のカキや下津井《しもつい》のタコ、浅口《あさくち》市のガザミなどの海の幸《さち》が挙《あ》げられます。

懐《なつ》かしい蒜山高原《ひるぜんこうげん》で作られる大根《だいこん》、美作《みまさか》市の黒大豆《くろだいず》、美咲町等《みさきちょうとう》の黄《き》ニラも知られますし、白桃《はくとう》に象徴《しょうちょう》されるモモ、マスカットやピオーネといったブドウ、ナシなど多彩《たさい》な果物《くだもの》は、天下《てんか》の美味《びみ》です。

「果樹《かじゅ》王国《おうこく》」岡山の祖《そ》と仰がれる小山益太《こやまますた》（赤磐市《あかいわ》出身）は、忍耐強く果樹栽培《さいばい》の研究《けんきゅう》を続けた思い出を語りました。

「一事《いちじ》を知り一物《いちぶつ》を覚《おぼ》うにも苦心惨憺《くしんさんたん》たるものありと雖《いえ》どもそれはみな希望と化《か》し快心《かいしん》と化し心裏《しんり》唯楽《ただたのし》みあるのみ」※10と。

岡山の農漁業《のうぎょぎょう》に携《たずさ》わる宝友《ほうゆう》たちもまた、人知れぬ労苦《ろうく》と誠実一路《いちろ》を貫《つらぬ》いて、「宝《たから》の珠《たま》」のごとく食に命を結晶《けっしょう》させています。

岡山の先人《せんじん》たちの心を、若人は生《い》き生きと継承《けいしょう》しています。

現在では国宝となっている「旧閑谷学校」を擁《よう》する備前市では、地元《じもと》の高校生《こうこうせい》たちが観《かん》光客《こうきゃく》を案内《あんない》する活動《かつどう》を展開《てんかい》し、ユネスコのホームページで「持続可能《じぞくかのう》な開発《かいはつ》のための教育」（ＥＳＤ《イー エスディー》）の成功例《れい》として紹介《しょうかい》されたことも伺っています。

今日《こんにち》、私が見守る岡山の青年たちは、多くの分野《ぶんや》で宝の人材として活躍《かつやく》しています。「限りなき前進」を合言葉《あいことば》に、共々に励まし合いながら、自身の壁《かべ》を破《やぶ》って、職場《しょくば》や社会に貢献し、友情と信頼を広げているのです。

私は岡山で青年らにエールを送ったことがあります。それは、人生はマラソンのごとく、最後《さいご》の勝利者《しょうりしゃ》が真《しん》の勝利者である。途中《とちゅう》に何があろうと、自分はこれだけはやりきったと笑顔で胸《むね》を張《は》る人生が勝利である、ということです。

今、私は再《ふたた》び、未来を担《にな》う青年たちにエールを送りたい思いで、いっぱいです。

自分らしく「限りなき前進」を貫いて、一人ももれなく笑顔の凱旋《がいせん》を！　と。

走り抜く
友の頭《こうべ》に
捧《ささ》げなむ
勝利の冠《かんむり》
幸の花輪《はなわ》を

コスタリカ

心豊《こころゆた》かな平和《へいわ》の大輪《たいりん》を

（二〇一五年六月号）

優美《ゆうび》なる
　蘭《らん》の香《かお》りの
　　コスタリカ
　平和の花《はな》は
　　豊かな心に

心の豊かさには、不思議《ふしぎ》な力《ちから》があります。お金《かね》やモノの豊かさには限《かぎ》りがありますが、心はどこまでも豊かになります。また、心の豊かさは、無限《むげん》の価値《かち》を創造《そうぞう》し、いくらでも人々《ひとびと》と分《わ》かち合《あ》うことができます。いな、分かち合うことで、ますます心は豊かになっていきます。そして、心と心の絆《きずな》も、さらに豊かに広《ひろ》がっていくのではないでしょうか。
こうした心の豊かさに満《み》ちた平和の国《くに》が、中米《ちゅうべい》のコスタリカ共和国《きょうわこく》です。コスタリカとはスペイン語《ご》で、「豊かな海岸《かいがん》」という意味《いみ》です。

北米《ほくべい》と南米《なんべい》を結《むす》ぶ中米地峡《ちきょう》に位置《いち》するコスタリカでは、天気《てんき》のよい時《とき》に高山《こうざん》に立《た》つと、カリブ海《かい》と太平洋《たいへいよう》が眺望《ちょうぼう》できるといいます。この東西《とうざい》の大海原《おおうなばら》に面《めん》し、標高《ひょうこう》四〇〇〇メートルに迫《せま》る最高峰《さいこうほう》チリポ山まで、多様《たよう》な国土《こくど》には、地球《ちきゅう》の全生物種《ぜんせいぶつしゅ》の五パーセントが生息《せいそく》し、蝶《ちょう》の仲間《なかま》は一〇パーセントに及《およ》ぶとされます。色鮮《いろあざ》やかな〝幻《まぼろし》の鳥《とり》〟ケツァールなど、多彩《たさい》な動植物《どうしょくぶつ》が共生《きょうせい》する命《いのち》の宝庫《ほうこ》なのです。

環境《かんきょう》の保全《ほぜん》に先駆的《せんくてき》に取《と》り組《く》み、国土の四分《ぶん》の一以上《いじょう》を国立公園《こくりつこうえん》や自然保護区《しぜんほごく》として、命をつなぐ貴重《きちょう》な生態系《せいたいけい》を守《まも》ってきました。

念願《ねんがん》かなって、私がコスタリカを訪《おとず》れることができたのは、一九九六年の六月です。

首都《しゅと》サンホセは、山並《やまな》みの緑《みどり》がみずみずしい高原都市《こうげんとし》です。

コスタリカの友人《ゆうじん》たちが、民謡《みんよう》「美《うつく》しきコスタリカ」を歌《うた》って歓迎《かんげい》してくれました。

〝コスタリカはあまりにも美しい。アメリカの地《ち》で宝石《ほうせき》のように光《ひかり》を放《はな》つ。そしてコスタリカの誇《ほこ》りは、この国の女性《じょせい》たちである〟という歌です。

生《い》きとし生けるものを魅了《みりょう》してやまない天地の美しさは、心豊かな女性たちの生命《せいめい》の光《こう》彩《さい》でもあるのでしょう。

蝶は舞《ま》い
　鳥は歌わむ
　　にぎやかに
　幸《さち》の宮殿《きゅうでん》
　　　いのちは宝《たから》と

コスタリカの国旗《こっき》にあしらわれた横《よこ》じまの、青色《あおいろ》は「空」を、白色《はくしょく》は「平和」を、中央《ちゅうおう》の赤色《あかいろ》は自《みずか》らの信条《しんじょう》を貫《つらぬ》くための「活力《かつりょく》」「勇気《ゆうき》」「私心《ししん》のなさ」を表《あらわ》しているとされます。

コスタリカは、教育《きょういく》の先進国《せんしんこく》です。十九世紀前半《せいきぜんはん》に独立《どくりつ》し、一八六九年には、すでに憲《けん》法《ぽう》で初等《しょとう》教育を義務化《ぎむか》し無償《むしょう》にしました。

コスタリカは、民主主義《みんしゅしゅぎ》と人権《じんけん》の先進国です。一八八九年、九〇年の選挙《せんきょ》と民衆運動《みんしゅううんどう》は、ラテンアメリカで名高《なだか》いコスタリカの民主主義の伝統の起点《きてん》となりました。お招《まね》きいただいた大統領府《だいとうりょうふ》の入口《いりぐち》には、「ここはコスタリカ国民《こくみん》の家《いえ》」と記《しる》されていました。

サンホセの庭では、穏やかな陽光を浴びて、
輝く緑の草木もにぎやかに語り合うよう（著者撮影）

コスタリカは、平和主義の先進国です。一九四九年には、〝平和憲法〟で軍隊《ぐんたい》を廃止《はいし》して、その分、多《おお》くの費用《ひよう》を教育に注《そそ》いでいったのです。まさしく、人類史《じんるいし》に輝《かがや》く大転換《だいてんかん》です。

それまで陸軍《りくぐん》の要塞《ようさい》だったところは博物館《はくぶつかん》となり、学《まな》びの平和の城《しろ》に生《う》まれ変《か》わりました。

「現代化学《げんだいかがく》の父《ちち》」で、エバ・ヘレン夫人《ふじん》と平和に尽《じん》力《りょく》したアメリカのポーリング博士も、私との語《かた》らいで〝世界《せかい》の国々はコスタリカに学べ〟と強調《きょうちょう》されていました。

争《あらそ》いの
流転《るてん》を断《た》ち切《き》る
先駆《さきが》けに
勇気の響《ひび》き
対話《たいわ》の力を

この平和の国のコスタリカ科学文化《かがくぶんか》センターで、

私たちの作製《さくせい》した「核兵器《かくへいき》――人類への脅威《きょうい》」展《てん》が開催《かいさい》されたことも、忘《わす》れ得《え》ぬ歴史《れきし》です。

科学文化センターは、かつての刑務所《けいむしょ》だった場所《ばしょ》が英知《えいち》の殿堂《でんどう》に蘇《よみがえ》った施設《しせつ》です。

オープニングには、フィゲレス大統領ご夫妻《ふさい》、この展覧会《てんらんかい》の開催を強く望《のぞ》まれていたアリアス元《もと》大統領、さらに四人の閣僚《かくりょう》等、たくさんの錚々《そうそう》たるご来賓《らいひん》が出席《しゅっせき》してくださいました。

その際《さい》、会場《かいじょう》と壁《かべ》一枚《まい》でつながる「子《こ》ども博物館」からは、少年少女《しょうねんしょうじょ》が快活《かいかつ》に遊《あそ》ぶ、元気《げんき》いっぱいの声《こえ》が響いてきました。式典《しきてん》の挨拶《あいさつ》をかき消《け》さんばかりの勢《いきお》いに、運営《うんえい》の関係者《かんけいしゃ》などは戸惑《とまど》いの表情《ひょうじょう》を隠《かく》せません。

しかし、私はスピーチで申《もう》し上《あ》げました。

「にぎやかな、活気《かっき》に満ちた、この声こそ、姿《すがた》こそ、『平和』そのものです。ここにこそ原爆《げんばく》を抑《おさ》える力があります。希望《きぼう》があります。子どもたちは、伸《の》びゆく『生命』の象徴《しょうちょう》です。核は『死《し》』と『破壊《はかい》』の象徴です」と。

場内《じょうない》から賛同《さんどう》の笑顔《えがお》と拍手《はくしゅ》をいただきました。

「私たちは悪《あく》に打《う》ち勝《か》つ人間精神《にんげんせいしん》の力を信《しん》じています」と、フィゲレス大統領の力強い宣言《せんげん》が心に刻《きざ》まれています。

式典が終《お》わると、少年が満面《まんめん》の笑《え》みで駆《か》け寄《よ》ってきてくれて、親愛《しんあい》の抱擁《ほうよう》を交《か》わしました。その瞳《ひとみ》の輝きに私が見出《みいだ》したのは、平和な未来《みらい》への限りない希望です。

コスタリカの親《した》しき友人たちとの交歓会《こうかんかい》は、楽《たの》しく明《あか》るい〝家族《かぞく》の集《つど》い〟となりました。国の花である「グアリア・モラーダ（紫色《むらさきいろ》の蘭）」の歌も、見事《みごと》な女性コーラスで披露《ひろう》してくれました。鮮《あざ》やかな伝統衣装《いしょう》に身《み》を包《つつ》んだ、軽快《けいかい》な民族舞踊《みんぞくぶよう》「モレニータ」からは、何《なん》とも言《い》えない優《やさ》しさと温《あたた》かさが伝《つた》わってきます。

私は一人《ひとり》一人と言葉《ことば》を交わし、「立派《りっぱ》な家庭《かてい》を！」「立派な社会人《しゃかいじん》として、皆《みな》から好《す》かれ、尊敬《そんけい》される人生《じんせい》を！」と語り合いました。

長年《ながねん》、その友《とも》たちの面倒《めんどう》を見《み》てきた夫妻は、先輩《せんぱい》から「平和は一人の友を大切《たいせつ》にするところから始《はじ》まる」との信念《しんねん》を受《う》け継《つ》ぎました。そして、後輩《こうはい》たちを「わが生命の無限の可《か》能性《のうせい》を信じよう！」と激励《げきれい》しつつ、平和のスクラムを広げてきたのです。

コスタリカの友は、誠実《せいじつ》に粘《ねば》り強く、核廃絶《かくはいぜつ》と反戦《はんせん》のための署名《しょめい》の運動や展示《てんじ》、環境保全を訴《うった》える展示を、政府《せいふ》や国連《こくれん》平和大学《だいがく》の協力《きょうりょく》を得ながら進《すす》めてきました。さらに、中米の自然災害《さいがい》の被災地《ひさいち》の救援《きゅうえん》、地域《ちいき》に根《ね》ざした、子どものための音楽教室《おんがくきょうしつ》、植樹《しょくじゅ》運動等々、多岐《たき》にわたり社会貢献《こうけん》に尽力しています。

コスタリカの空港で。翼の向こうには、手を振る友たち（著者撮影）

母《はは》と子《こ》の
悲惨《ひさん》の涙《なみだ》を
拭《ぬぐ》わむと
慈愛《じあい》の炎《ほのお》は
闇夜《やみよ》を照《て》らして

コスタリカで歌われてきた、母を讃《たた》える詩歌《しいか》があります。

「どの女性より最《もっと》も美しい人は母。幼子《おさなご》の時、その愛《あい》の腕《かいな》はゆりかごとなり、毎晩《まいばん》一緒《いっしょ》に祈《いの》ってくれた母。母よ、貴女《あなた》にこの命を捧《ささ》げよう。そして私の愛情《あいじょう》を」と。

一番《いちばん》身近《みぢか》で生命を支《ささ》え、育《はぐく》んでくれている母への感謝《かんしゃ》を忘れないこと。母の祈りを翼《つばさ》として社会へ羽《は》ばたき、母の励《はげ》ましを光として生命を輝かせていくこと——。

ここに、正《ただ》しい人生を歩《あゆ》み、平和な社会を創《つく》りゆく永遠《えいえん》の原点《げんてん》があると言えましょうか。

コスタリカには、政府に「女性相《しょう》」がいて、女性の人権を守る動《うご》きも盛《さか》んです。警備省《けいびしょう》の大臣《だいじん》となった女性が、赤《あか》ちゃんを抱《だ》いて任命式《にんめいしき》に臨《のぞ》んだ光景《こうけい》は、子どもたちの幸福《こうふく》のために平和を守る決意《けつい》を表していました。[※1]

二〇一〇年には、女性の大統領が初《はじ》めて誕生《たんじょう》しました。

以前《いぜん》、フィゲレス大統領の母君《ははぎみ》カレン・オルセンさんから、コスタリカの民芸品《みんげいひん》である、装飾《そうしょく》の綺麗《きれい》な〝洗濯板《せんたくいた》〟を贈《おく》っていただいたことがあります。そこには「相手《あいて》の痛《いた》みに同苦《どうく》する」「希望を共有《きょうゆう》する」「同《おな》じ目的《もくてき》に向《む》かって行動《こうどう》する」との意義《いぎ》が込《こ》められていました。

そのような、豊かな心をもって、コスタリカの平和と文化と教育の民衆運動も、女性の皆さん方《がた》がリードしています。

私の妻《つま》の友人は、母として、大学の教授《きょうじゅ》として、社会の宝である若《わか》い世代を育《そだ》ててきました。彼女は、法華経《ほけきょう》に登場《とうじょう》する「不軽菩薩《ふきょうぼさつ》」の精神――すなわち生命を絶対《ぜったい》に軽《かろ》んじない、どんな人も尊重《そんちょう》していくという信条を大切にしています。

幾《いく》つもの重要《じゅうよう》な責任《せきにん》を担《にな》う時には、さすがに不安《ふあん》に襲《おそ》われましたが、「ゆっくりでもいい。常《つね》に前進《ぜんしん》を」をモットーに挑戦《ちょうせん》を重《かさ》ね、乗《の》り越《こ》えてきたのです。仲間にも、「一生涯《いっしょうがい》、挑戦し続《つづ》ける人生の素晴《すば》らしさ」を語っています。

また、ある女性は、夫《おっと》の就職《しゅうしょく》が進まないなど困難《こんなん》に直面《ちょくめん》し、夫婦の仲《なか》もうまくいかなくなった時期《じき》がありました。そのなかで、「家族の幸福のために自分《じぶん》ができることから始めてみようよ」と自《みずか》らに言い聞《き》かせて努力《どりょく》し、思《おも》いやり深《ふか》い家族の団《だん》らんを取《と》り戻《もど》していきました。そして、「まず自分が変わろう！　その決意に立てば、すべては開《ひら》ける」と友を励ましながら、「豊かな海岸（コスタリカ）」を「豊かな人材《じんざい》の天地」にしようと、夫妻共《とも》に奮闘《ふんとう》を続けています。

家庭でも地域でも、豊かな心の励ましのあるところ、どんな苦難《くなん》にも負《ま》けない強さが生まれます。豊かな心には、自分と仲良く、人と仲良く、自然とも環境とも仲良くする賢《かしこ》さが光《ひか》ります。その心を持《も》つ女性こそ、自分のいる場所から平和を築《きず》く主役《しゅやく》でしょう。

私のコスタリカ訪問《ほうもん》は、四日間の慌《あわただ》しい滞在《たいざい》でしたが、一人でも多くの方々と友情《ゆうじょう》を結んでおきたいと思いました。

お世話《せわ》になっているホテルの方々にも、お会《あ》いした際には、妻と共々、せめてものお礼《れい》の声をかけました。素晴らしい笑顔で応《こた》えてくださる方に、手持ちのカメラで写真《しゃしん》を撮《と》って、あとでお届《とど》けしたこともあります。

折々《おりおり》に顔《かお》を合わせる受付《うけつけ》やドアマン、また、陰《かげ》で支えてくださっているシェフや清掃員《せいそういん》などのスタッフとも、心を通《かよ》わせていきました。

民族衣装に身を包むコスタリカの友と。歌あり、踊りあり、笑顔あり、子どもたちの輝く瞳ありの〝家族の集い〟（1996年6月）

最終日《さいしゅうび》、その方々が、わざわざ忙《いそが》しい仕事《しごと》の合間《あいま》を縫《ぬ》って、ロビーに勢揃《せいぞろ》いして見送《みおく》ってくださったのです。一人一人と握手《あくしゅ》をし、直接《ちょくせつ》、感謝をお伝えすることができました。

一期一会《いちごいちえ》の出会《であ》いであっても、心と心の深き交流《こうりゅう》は、色あせることのない信頼《しんらい》の絵巻《えまき》を織《お》り成《な》していくものでありましょう。

真心《まごころ》に
　真心重《かさ》ねて
　　築きゆく
　人間家族を
地域へ　世界へ

「中米の奇跡《きせき》」と呼《よ》ばれるコスタリカの平和主義を、対話の力で牽引《けんいん》してこられた指導《しどう》者《しゃ》・アリアス元大統領は、昨年《さくねん》（二〇一四年）も来日《らいにち》され、私が創立《そうりつ》した創価《そうか》大学、創価学園《がくえん》を訪問してくださいました。

その折に、学園生が質問《しつもん》しました。「対話をする上《うえ》で、一番大切なことは何ですか？」元大統領は答《こた》えられました。「差異《さい》を乗り越える意志《いし》です。暴力《ぼうりょく》を使《つか》わないための方法《ほうほう》を何としても探《さが》し出《だ》す、強い意志が必要《ひつよう》です」

コスタリカでは、学校《がっこう》の授業《じゅぎょう》でも生徒《せいと》の討論《とうろん》を大事《だいじ》にし、「問題《もんだい》は対話によって解決《かいけつ》するのが当《あ》たり前《まえ》という文化」を培《つちか》う努力がされてきました[※2]。

いかなる問題も、断《だん》じて対話の力で解決する。ここに平和があり、人間精神の勝利《しょうり》があります。それを、私たちは、二十一世紀の若き平和のリーダーたちと一緒に、学び広げていきたいと思うのです。

サンタ・ロサ国立公園に広がる、中米最大《さいだい》の乾燥林地帯《かんそうりんちたい》では、乾季《かんき》に葉《は》を枯《か》らした森《もり》が、雨季《うき》になると、数日《すうじつ》で一気《いっき》に緑に覆《おお》われて蘇生《そせい》する「緑の奇跡」があるといいます。何と豊かな生命の力でしょうか。

コスタリカの大地に育《はぐく》まれた詩人デブラボは、「種《たね》を蒔《ま》く人たち」を讃えました。それは、

「母の心」をもって、苦《くる》しみ悩《なや》む友どちに希望の種を贈《おく》りゆく人々です。

仏典《ぶってん》には、「物《もの》の種は、たとえ一《ひと》つであっても、植《う》えれば多数《たすう》となる」という道理《どうり》が説《と》かれています。

今日《きょう》も、我《われ》と我が友の生命の大地に、希望の種を一つ一つ植えたいものです。それが、やがて幸福の花が咲《さ》き薫《かお》る、心豊かな平和の森となると信じつつ――。

大地から
緑萌《も》えゆく
勢いは
幸生《さちう》む　いのちの
力のごとくに

引用・参考文献、注解

ドイツ

※1　門馬直美著『シューマン』春秋社
※2　『ドイツ避難民閑談集』石井不二雄訳、『ゲーテ全集6』所収、潮出版社を引用・参照
※3　『ヒュペーリオン』手塚富雄訳、『ヘルダーリン全集3』所収、河出書房新社
※4　Fr・シュレーゲル著『ロマン派文学論』山本定祐訳、冨山房
※5　『ベートーヴェン　音楽ノート』小松雄一郎訳編、岩波書店
※6　『新編　ベートーヴェンの手紙（下）』小松雄一郎編訳、岩波書店
※7　『ヴァイツゼッカー回想録』永井清彦訳、岩波書店を引用・参照
※8　「第二部　徳論の形而上学的基礎論」尾田幸雄訳、
『カント全集　第11巻　人倫の形而上学』所収、理想社
※9　フランクフルト池田平和文化会館として二〇一五年十月に開館
※10　『ゲオルゲ全詩集』富岡近雄訳、郁文堂

茨城

※1　矢崎源九郎編著『現代教養文庫498　世界のことわざ』社会思想社
※2　『風土記（一）――常陸国風土記――』秋本吉徳全訳注、講談社を引用・参照

※3　大戸三千枝著『土の歌人　長塚節　日本の作家46』新典社。カタカナをひらがな表記にあらためた
※4『平塚らいてう著作集　第1巻』平塚らいてう著作集編集委員会編、大月書店
※5『岡倉天心全集　第七巻』平凡社
※6　横山大観著『人間の記録103　横山大観「大観画談」』日本図書センターを引用・参照
※7　秋山清・伊藤信吉・住井すゑ・野口存彌監修『定本　野口雨情』第八巻、未來社を参照
※8　同『定本　野口雨情』第七巻

フィリピン

※1「フィリピン共和国国歌」寺見元恵訳、
『フィリピンの事典』（石井米雄監修、鈴木静夫・早瀬晋三編）所収、同朋舎出版。

曲名は朝日新聞（二〇〇六年五月二十三日付・訂正版）を参照し、あらためた。体裁は編集部による
※2『牧口常三郎全集　第一巻　人生地理学（上）』第三文明社を引用・参照
※3　ウィルフレッド・ヴィルトゥシオ著「マリア」、
『フィリピン短編小説珠玉選（1）』（寺見元恵編訳）所収、井村文化事業社

アルゼンチン

※1　杉山晃著「ボルヘス氏に聞く」、
『旅人への贈り物―ボルヘス日本滞在誌』（佐伯彰一・神吉敬三編）所収、法政大学出版局
※2　アドルフォ・ペレス＝エスキベル／池田大作著
『人権の世紀へのメッセージ　〝第三の千年〟に何が必要か』東洋哲学研究所

京都

※1　『新編日本古典文学全集22　源氏物語③』（阿部秋生／秋山虔／今井源衛／鈴木日出男　校注・訳）小学館
※2　『枕草子（下）』（上坂信男／神作光一／湯本なぎさ／鈴木美弥　全訳注）講談社を引用・参照
※3　アメリカの著名な旅行誌『トラベル・アンド・レジャー』による世界人気観光都市ランキング
※4　『新編日本古典文学全集32　栄花物語②』（山中裕／秋山虔／池田尚隆／福長進　校注・訳）小学館
※5・6・7　正木篤三編著『本阿彌行状記と光悦』中央公論美術出版
※8　原田平作著『幕末明治 京洛の画人たち』京都新聞社
※9　竹内逸三編『栖鳳藝談』全國書房。現代表記にあらためた
※10　『上村松園画集』（上村松篁監修、塩川京子責任編集）光村推古書院を参照
※11・12　上村松園著『青眉抄その後』（上村松篁序文、塩川京子編）求龍堂
※13　『西田幾多郎全集　第三巻』岩波書店。現代表記にあらためた

スペイン

※1　セルバンテス著『ペルシーレス（上）』荻内勝之訳、筑摩書房
※2　『アントニオ・マチャード詩集——カスティーリャの原野、その他の詩』石田安弘編訳、国文社を引用・参照
※3　『現代の課題』井上正訳、『オルテガ著作集1』所収、白水社
※4・5　『建築家ガウディ全語録』鳥居徳敏編・訳・注解、中央公論美術出版
※6　R・D・ホフライトネル／池田大作著『見つめあう西と東——人間革命と地球革命』、『池田大作全集　第百十七巻』所収、聖教新聞社
※7　桑原真夫著『ロサリア・デ・カストロという詩人』沖積舎を引用・参照

※8　『世界現代詩文庫㉑　ロルカ詩集』小海永二訳、土曜美術社出版販売所収の「解説」より

岡山

※1　平野尚子著『上代淑の言葉の足跡　掲載記事のデジタル化の試み』吉備人出版
※2　『竹久夢二文学館　第9巻　童謡童話集Ⅱ』萬田務監修、日本図書センター
※3　『新編　犬養木堂書簡集』岡山県郷土文化財団
※4　『薄田泣菫全集　第五巻』創元社を参照
※5　梅溪昇著『緒方洪庵と適塾』大阪大学出版会
※6　福沢諭吉著『福翁自伝』（茅根英良校訂）潮出版社
※7　聖教新聞　二〇一七年二月十五日付
※8・9　藤原啓著『土のぬくもり』日本経済新聞社
※10　小山益太著「果樹栽培談」、近藤萬太郎編『農学講演集　第四巻』所収、大原奨農会。現代表記にあらためた

コスタリカ

※1　寿里順平著『中米の奇跡　コスタリカ』東洋書店を参照
※2　足立力也著「平和文化教育――自ら平和をつくり出す文化を育む方法」、国本伊代編著『エリア・スタディーズ　コスタリカを知るための55章』所収、明石書店を引用・参照

池田大作　いけだ・だいさく

創価学会名誉会長。創価学会インタナショナル（SGI）会長。
1928年、東京生まれ。創価大学、アメリカ創価大学、創価学園、
民主音楽協会、東京富士美術館、東洋哲学研究所、
戸田記念国際平和研究所、池田国際対話センターなどを創立。
「国連平和賞」を受賞。世界の大学・学術機関から400を超える名誉学術称号を受ける。
『人間革命』（全12巻）、『新・人間革命』（全30巻）、
エッセー集『ハッピーロード』をはじめ著書多数。
『二十一世紀への対話』（A・J・トインビー）、
『二十世紀の精神の教訓』（M・S・ゴルバチョフ）、
『母への讃歌 詩心と女性の時代を語る』（サーラ・ワイダー）等、対談集も多い。

本書は、月刊誌『パンプキン』に掲載された「忘れ得ぬ旅　太陽の心で」
（2014年10月・12月号、2015年2月・4月・6月号、2016年1月・11月号、2018年7月号）を
再構成し、収録したものです。
肩書等は、掲載時のままとしました。

忘れ得ぬ旅
太陽の心で　第6巻

2022年11月18日　初版発行

著者	池田 大作
発行者	南 晋三
発行所	株式会社　潮出版社
	〒102-8110
	東京都千代田区一番町6　一番町SQUARE
電話	03-3230-0781（編集）
	03-3230-0741（営業）
振替口座	00150-5-61090
印刷・製本	凸版印刷株式会社

ISBN978-4-267-02356-9 C0095

http://www.usio.co.jp/